Wolfgang Böhme/Josef Sudbrack

Der Christ von morgen – ein Mystiker?

Echter Verlag Würzburg
F. J. Steinkopf Verlag Stuttgart

CIP-Titelaufnahme der Deutschen Bibliothek

Der Christ von morgen – ein Mystiker? / Wolfgang Böhme ;
Josef Sudbrack. – Würzburg : Echter Verlag ;
Stuttgart : Steinkopf, 1989
ISBN 3-429-01249-X (Echter Verl.)
ISBN 3-7984-0673-1 (Steinkopf)
NE: Böhme, Wolfgang [Hrsg.]

Umschlag: Ernst Loew
Gesamtherstellung: Echter Würzburg
Fränkische Gesellschaftsdruckerei und Verlag GmbH
ISBN 3-429-01249-X Echter
ISBN 3-7984-0673-1 Steinkopf

Inhalt

Vorwort

Was verstehen wir unter Mystik?

Das Wort ist in Mode gekommen, wird für alles und jedes benutzt, ist fast schon wieder verbraucht. Esoterisches, Schwärmerisches, Irrationales, Verschwommenes, Weltflüchtiges legt man in diesen Begriff hinein. Doch Mystik ist ein urchristliches Wort, das auf »mein« persönliches Verhältnis zum dreieinigen Gott hinweist, auf »meine« Offenheit für seine Liebe, auf »meine« Bereitschaft, »mich« von Gott durchdringen und »mich« auf den Weg der Nachfolge Christi stellen zu lassen.

Das hat auch Karl Rahner mit seinem berühmten Wort, dem der Titel dieses Buches entnommen ist, zu sagen versucht: »Der Fromme von morgen wird ein ›Mystiker‹ sein, einer, der etwas ›erfahren‹ hat, oder er wird nicht mehr sein.«

Doch wie kann ich mich als Christ und Gott-Suchender dem nähern, was mit »Mystik« doch so persönlich gemeint ist? Der Weg dahin wird von Gestalten, von Persönlichkeiten gewiesen, die selbst auf diesem Weg der Gottesbegegnung, der Frömmigkeit, der Mystik geführt wurden und die uns (mich!) führen können. Deshalb werden im folgenden drei (mit Karl Rahner vier) exemplarische Gestalten aus der Geschichte der Mystik vorgestellt. Unter verschiedenen Gesichtspunkten wird über ihr Leben und ihr Werk, über ihre Gotteserfahrung und ihre Menschennähe, ihre Praxis und auch ihre Theorie berichtet.

Die Beiträge des Buches gehen auf eine Tagung der »Gesellschaft der Freunde christlicher Mystik e. V.« zurück; die Gesellschaft wurde 1987 gegründet und konnte im Dezember 1988 in der Evangelischen Akademie Bad Herrenalb diese ihre erste Tagung durchführen.

»Der Christ von morgen – ein Mystiker?«: Das ist eine provozierende These, deren Bedeutung für das eigene Leben, für den Glauben unserer Kirchen, für die Zukunft des Christentums bedacht und überprüft werden soll. Eingeladen dazu sind alle, die Gott und seine Liebe suchen.

Karlsruhe, Juli 1989
Dr. Wolfgang Böhme

München, Juli 1989
Pater Dr. Josef Sudbrack SJ

Gerhard Ruhbach

Offenheit für den ankommenden Gott

Erneuerung des Glaubens aus dem Geist christlicher Mystik

Das Interesse an Mystik und Esoterik ist gegenwärtig – quer durch die Generationen und Bildungsschichten hindurch – so intensiv und groß wie selten zuvor. Allein darüber, über Gründe und Hintergründe solchen Interesses nachzudenken, wäre eine eigene Besinnung wert. Hier kann nur auf Weniges aufmerksam gemacht werden:

– Die Frage nach dem Sinn des Lebens ist – über politische und ideologische Grenzen hinweg – lauter, aber nicht leichter geworden, und erst recht schwer zu beantworten. Sein – Sinn – Gott, viele Menschen fragen danach, engagiert und kritisch.

– Fast überall gehen solche Anfragen und Aufbrüche an den etablierten Religionen vorbei. Die Krise des Christentums in Europa geht parallel mit der Krise des Buddhismus in Thailand und Japan und der Krise des Hinduismus in Indien. Andererseits führen Reisementalität und interreligiöser Dialog zur Faszination durch das Fremde und Andere und oft genug zu einem – in der Regel nur geistig vollzogenen – Religionswechsel bzw. einem Kampieren im religiösen Niemandsland, das anfangs seinen Reiz hat, bald aber neue Heimatlosigkeit bedeutet. Viele Wanderer zwischen den Welten haben sich mittlerweile dort festgesetzt, wo ihre Seele nicht zu Hause ist und ihr Herz eigentlich nicht schlägt.

Es ist Zeit, der Mystik Aufmerksamkeit zuzuwenden. In den Kirchen hat Mystik lange und immer wieder unter Verdacht und Verschweigen gestanden. »Mystik brauchen wir nicht«, so meinen die einen; »Mystik ist uns zu fremd, nebulös, privatistisch«, so reagieren die anderen. Für die Katholiken ist sie ein Randphänomen und für Protestanten typisch katholisch. Antiklerikal sei sie jedenfalls, und unbekannt – unheimlich, eben »mystisch« auch, und so entstand unter Berufschristen weithin, obwohl eher unausgesprochen, der Konsens, Mystik nicht zu thematisieren. Dadurch ist Mystik unter dem Schleier des Verborgenen geblieben oder bestenfalls – ausgewählt und gezähmt – in Anthologien und Erbauungsbücher geraten. Jedenfalls besteht ein beträchtliches Kenntnisdefizit darüber, was Mystik sei. Von diesem Mangel sind sogar die mystischen Traditionen unserer Zeit selbst betroffen, weil sie – angesichts des sie umgebenden Unverständnisses – verdünnt und marginalisiert wurden. Es sieht so aus, als ob gegenwärtig statt analytischer Lehrmeinung praktische Handlungsanweisung gebraucht wird; nicht das Dogma, sondern der Weg, nicht die Heil vermittelnde Institution, sondern der glaubwürdige »Lebemeister« ist gefragt. Je schwächer die volkskirchliche Substanz wird, desto mehr regt sich der Wunsch nach religiöser Autorität jenseits der bekannten Angebote.

Es gibt aber auch eine verstärkte Aufbruchs- und Suchgemeinschaft unter Christen, die einerseits das Leiden an der so unbeweglich gewordenen Kirche auf sich nehmen, sich andererseits aber damit nicht abfinden wollen, daß in Ewigkeit alles so bleiben muß, wie es ist. Charismatische und meditative, ökologische und esoterische Aufbrüche und Angebote sind in beträchtlicher Zahl auch innerhalb der Kirchen anzutreffen, und in ihnen allen taucht das Wort Mystik als Wesensmerkmal, keineswegs nur als Werbemittel auf.

Die Klärung, Aufnahme und Interpretation solcher Anliegen im Kontext von Kirche erscheint allerdings als dringend geboten, damit die »Aufbruchswilligen« nicht erneut enttäuscht werden und ihrer Kirche schließlich doch, innerlich oder äußerlich, den Rücken kehren.

Das Thema unseres Nachdenkens verweist auf Grundworte des Christseins: Erneuerung – Glaube – im Geist christlicher Mystik. Die Erneuerungsbedürftigkeit der Kirche liegt heute zutage, die Erneuerungsbereitschaft vieler Christen verdient Aufmerksamkeit und Dank. Erneuerung verweist auf ein Existential des Menschen: Wer nicht mehr erneuerungsfähig ist, erstarrt und stirbt – vielleicht lange vor seinem Tod. Daher hat die Kategorie Novum in der abendländischen Geschichte eine erstaunliche Faszination und Schubkraft.

»Ecclesia semper reformanda« (»Die Kirche muß immer neu reformiert werden«), das war nicht nur das Anliegen der Reformation im 16. Jahrhundert. »Erneuerung« meint Herkunftserinnerung und Veränderungsbereitschaft überall dort, wo die »erste Liebe« verlassen und der Abfall vom Ursprung eingetreten ist. Erneuerung meint aber auch Zielvergewisserung und, als Konsequenz davon, Kurskorrektur und Richtungsänderung bis hin zur tiefgreifenden Umkehr. So ist christliche Kirche einerseits »Gedächtnisreligion« und andererseits Erweckungs- und Erneuerungsbewegung, in welcher der Glaube des Einzelnen und der Glaubensgemeinschaft vertieft und verwandelt wird. Besinnung und Hören, Impuls zum Neubeginn, anfangende Schritte auf dem Weg, Erfahrung von Begleitung und Hilfe, regelmäßige Vergewisserung und zunehmende Klärung des Zieles, das alles dürfte zu den Stationen des Erneuerungsprozesses gehören. Dabei meint »Glauben« in diesem Zusammenhang nicht zuerst dogmatisches Wissen, sondern Vertiefung der Vertrauensbeziehung zu Jesus Christus; damit tritt »Mystik« elementar ins Blickfeld.

Wenn im Folgenden vom »Geist christlicher Mystik« die Rede ist, beschränken wir »Mystik« auf ihre christliche Variante. In jeder Religion gibt es Mystik, doch von Mystik als interreligiöser Erfahrung kann hier nicht gesprochen werden. »Christliche Mystik« impliziert allerdings die Vermutung, daß wir es bei Mystik mit etwas gemeinsam Christlichem, etwas grundlegend Vorkonfessionellem, also etwas Verbindendem und nicht Trennendem zu tun haben. Und in der Tat: Zu allen Zeiten und in allen Ausprägungen der Kirche und ihrer Geschichte ist Mystik anzutreffen, in der östlichen Orthodoxie wie im Luthertum, in der reformierten wie in der römisch-katholischen Kirche. Mystik ist ökumenisch und sollte ökumenische Konsequenzen haben.

Kennzeichen christlicher Mystik

Erstens: Mystik verbindet das Christentum mit anderen Religionen. Sie betrifft die anthropologische Seite des Glaubens, indem sie Vollzug und Erfahrung des Glaubens erschließt. Wie der Glaube aus dem »Hören« kommt und sich Gottes Zuwendung zu uns, seinen Geschöpfen, verdankt, so realisiert und konkretisiert Mystik Hören und Empfangen des Glaubenden.
Zweitens: Auch darin unterscheidet sich christliche Mystik nicht von der Mystik anderer Religionen, daß es ihr um Selbst-, um Natur- und um Gotteserfahrung geht. Beschränkt man sich aber nur auf einen der drei Aspekte, z.B. auf Selbsterfahrung, so verliert christliche Mystik ihren umfassenden Horizont und ist nicht mehr Mystik. Verengt man die drei Aspekte, z. B. auf Naturmystik, oder reichert man sie durch rationale bzw. emotionale Deutungen an, so ergibt sich ein unbestimmter Synkretismus, aber nicht christliche Mystik. So ist Mystik immer ein überaus komplexes, gefährdetes und für Mißbrauch anfälliges Phänomen, und es ist durchaus verständlich, wenn Kirchenleitungen, Theologen und sonstige Repräsentanten von Kirche sich der Mystik gegenüber zurückhaltend geben.
Drittens: Trotzdem, es gibt in der Kirchengeschichte eine breite mystische Tradition, die im Alten Testament ihre unübersehbaren Anfänge und Weiterungen hat[1], schon bei Paulus greifbar ist und bis in die Gegenwart hineinführt.

Manche Christen sind Mystiker und nur Mystiker gewesen, z. B. viele der berühmten Nonnen des Mittelalters wie Mechthild von Magdeburg und Hildegard von Bingen[2]. Zahlreiche andere Christen waren Mystiker und vieles andere mehr, eingebunden in ihre Umwelt mit vielerlei Verklammerungen und Verantwortungen für die Welt, so etwa Paulus und Augustin, Bernhard von Clairvaux und Katharina von Siena, Meister Eckhart und Martin Luther. Schließlich gibt es Christen, bei denen die mystische Seite ihrer Existenz so verborgen war, daß man sie kaum erwartet hätte, so z. B. bei Dag Hammarskjöld.
»Mystik« meint also eine Lebensorientierung mit Tiefenimprägnierung und sehr verschiedenen Erscheinungsformen nach außen. *Den* Mystiker gibt es nicht; wer mystische Erfahrungen hat, wird in der Regel bezeugen, daß dies keine besonderen Erfahrungen sind. Jedenfalls bleibt der Mystiker er selbst, er behält sein Naturell, integriert seine Glaubensvertiefung in seine normale Existenz wie Umwelt und ist deshalb ebenso wenig typisierbar wie Christen anderer Orientierung. Gerhard Tersteegen hat einige Feststellungen getroffen, die von zeitübergreifender Bedeutung sind: »Sie verlangen zu wissen, was man eigentlich durch die Mystik oder mystische Theologie verstehe.
Ich antworte: Das kann keiner recht sagen, oder er muß selbst ein Mystikus sein, und keiner gebührend verstehen, wo er nicht selbst auf dem Wege ist, ein solcher zu werden ... So ist Mystik nichts Anderes als die christliche Gottseligkeit[3] in ihrer besten Kraft, Schönheit und Völligkeit. Werden sie selbst ein Mystikus, dann verstehen sie erst, was es für eine Sache sei ... Die Mystiker machen keine besondere Sekte aus, sie haben keine von anderen christlichen Parteien unterschiedenen Lehrsätze ... Sie sind keineswegs Enthusiasten, auch nicht Schwätzer von großer Geistlichkeit ... Sie sprechen das, was sie erfahren, so aus, wie sie es mit Worten, die der Heilige Geist lehret, deutlich machen können. Sie reden wenig, sie tun und sie leiden vieles, sie

verleugnen alles, sie beten ohne Unterlaß, der geheime Umgang mit Gott in Christo ist ihr ganzes Geheimnis.«[4]

Viertens: Bislang wurde das Wort Mystik so gebraucht, als wäre es zwar ein umstrittener, aber inhaltlich deutlicher Begriff. Dem ist jedoch keineswegs so. Drei Grundmöglichkeiten, Mystik zu verstehen, lassen sich unterscheiden:

- Im Sprachgebrauch des Alltags meint Mystik soviel wie: dunkel und geheimnisvoll. Dieser Sinn ist jedoch ganz peripher und uneigentlich; er interessiert im Zusammenhang unseres Nachdenkens nicht.
- Oft werden unter Mystik Begleiterscheinungen wie Visionen, Auditionen, Levitationen, Ekstasen u. a. verstanden, die allerdings auch in ganz anderen Zusammenhängen auftauchen können. Diese Phänome sind sekundär zur mystischen Erfahrung hinzugetreten, jedenfalls nicht typisch für christliche Mystik. Auch sie interessieren daher im Kontext unseres Themas nicht weiter.
- Christliche Mystik und christliches Mysterium gehören zusammen und sind voneinander zu unterscheiden. Davon allein soll im folgenden die Rede sein, weil christliche Mystik darin ihre Wurzel, ihren »Grund« und ihre Inhalte hat.

L. Bouyer und J. Sudbrack[5] haben immer wieder im Zusammenhang der Mystikableitungen darauf insistiert, daß das Christentum im Mysterium Christi seine Mitte hat: »Groß und verkündigungswert ist das Geheimnis: Er ist offenbart im Fleisch, gerechtfertigt im Geist, erschienen den Engeln, geglaubt von der Welt, aufgenommen in die Herrlichkeit.«[6] Immer aber zielt solche Verkündigung auf personale Begegnung: »Mein Herr und mein Gott«[7] oder »Du bist Christus, der Sohn des lebendigen Gottes«[8]. Und wenn es zum Erkennen in der Tiefe, zum Höhepunkt des Zusammenseins kommt, dann öffnet sich die Begegnung wieder auf neue, weitergehende Erfahrung hin. So erleben es die Jünger in Emmaus, daß Jesus sich in dem Augenblick ihnen entzieht, als sie ihn beim Brotbrechen erkennen[9], und in der Tat: Als

der Gefundene bleibt er der Gesuchte, als der Deus revelatus (der geoffenbarte Gott) immer auch der Deus absconditus (der verborgene Gott).
In dieser verborgenen Nähe, in der Glaubensgewißheit, die auf immer tiefere Verankerung drängt und deshalb im Ergriffensein Suchbewegung bleibt, liegt der Grundsinn christlicher Mystik:
Mystik meint das Offenbarwerden, das wahrnehmbare Aufbrechen der Liebe Gottes auf seine Geschöpfe hin: Gott glaubt an uns und begründet unseren Glauben (als Antwort auf seine Liebe) im Kraftfeld der glaubenden Gemeinde.
Mystik zielt auf zunehmendes Offenwerden des Menschen für das Geheimnis der Liebe Gottes zu ihm. Dies enthüllt sich als niemals abgeschlossener Prozeß auf Entfaltung und Vertiefung des Glaubens hin. Regelmäßig und meditativ ist der Umgang mit den Heilsmitteln von Wort und Sakrament zu üben, die Taufe als mystische Wiedergeburt, die Eucharistie als mystische Speise der Nähe in der Abwesenheit, die Beichte als mystisch begangene Feier der Versöhnung und des Neuanfangs. Auf einmal erscheint Jesu Offenbarungswort »Ich bin der Weg, die Wahrheit und das Leben«[10] nicht mehr als tiefsinnige Rede an seine Jünger, sondern als Schlüsselwort des Glaubens schlechthin: Wahrheit und Leben als Begegnung und Weg ist unausweichliche Jüngererfahrung geworden, Christus, der vor mir und hinter mir Gehende, der mir Entgegenkommende und mich Begleitende, das Fundament und der Grund des Gehens und zugleich Schutz vor dem Abgleiten ins Offene und Weglose hinein. Dieser Begegnungs- und Findungsprozeß hält ein Leben lang an und in Atem. Er läßt natürlich auch auf die Hilfs*mittel*, die Heils*mittel* achten, die das Gehen erleichtern: Wort und Mystik, Sakrament und Mystik, Gebet und Mystik, Meditation und Mystik, Schweigen und Mystik, Verantwortung und Mystik, all das sind Bezüge, Bewegungen, Schritte, die Gewicht haben und Aufmerksamkeit verdienen.

Mystik ruft sofort in ein Leben hinein, in dem kontinuierliches Hineingehen in Gottes Erfahrung und gleichzeitig Aufbruch aus sich selbst heraus stattfindet. Kein Wort reicht aus, um diesen Vorgang zu beschreiben, sondern verschiedene Anläufe sind nötig, um sich dem Geheimnis anzunähern, um in es einzutauchen, ihm auf den Grund zu gehen und sich schließlich mit ihm zu vereinigen. Aus der reichen Vätererfahrung seien – unkommentiert – einige Zeugnisse aus älterer und neuerer Zeit angeführt:

Gregor von Nyssa
»Die Seele, in der Liebe zu Christus verwundet, verlangt brennend nach der mystischen Vereinigung mit ihm. Der vollkommene Bräutigam (Christus) empfängt die vollkommene Seele, die zur vollkommenen Braut geworden ist, in der heißen und mystischen Brautnacht. Und so ist es mit jedem, dem Christus, der himmlische Bräutigam, verliehen hat, seine Braut in mystischer und göttlicher Gemeinsamkeit zu sein.«[11]

J. Galot
»Ich kenne Dich so wenig und behaupte,
Dich zu lieben.
Ich kenne Dich so schlecht und wiederhole ständig,
daß Du alles für mich bist;
aber was ist denn dieses ›alles‹?
Wirst Du mir so unbekannt bleiben
wie heute, wirst Du es bleiben bis zur
letzten Stunde, wenn Du mir in Deiner
vollen Klarheit erscheinst?

Ich möchte Dich kennen
und *darum* das Evangelium erforschen.

Lehre mich, es zu lesen, um Dich darin
zu entdecken, in seinen Worten den

leuchtenden Sinn zu finden, in dem die
Züge Deines Antlitzes aufstrahlen.

Ich möchte dich erkennen,
indem ich die Kirche anschaue,
die trotz aller menschlichen Mängel
als wahrer Zeuge Dein Geheimnis offenbart
und den Widerschein Deiner verborgenen
Kraft ausstrahlt.

Ich möchte Dich erkennen in den Ereignissen,
die meinen Tag weben und mein Leben
einschließen als zahlreiche Zeugen
Deiner Sorge um mich.

Ich möchte Dich in Vertrautheit kennen,
in die Du mich eintauchst,
wenn Du zu mir kommst;
Dich kennen, Herr, und dein verborgenes
Wesen, Dich kennen und dich lieben –
immer besser und tiefer!«[12]

Ulrich Schaffer
»Manchmal merke ich schon,
daß von weit innen ein anderes Beten kommt.
Es ist wie ein Atmen,
wie die Füße voreinandersetzen,
wie die Augen aufmachen,
wie mit der Haut empfinden,
wie Hören, Hören, Hören
unter und hinter den Dingen.
Da wird alles an mir Empfang und Gegenwart.«[13]

Anhaltende und sich vertiefende Begegnung zwischen Gott und seinem Geschöpf klingt in den genannten Zeugnissen an. Fortschreitende, sich verselbständigende Liebe, die alle Kennzeichen von in der Tiefe betroffener Ergriffenheit an sich trägt: schweigendes Einverständnis, das den anderen preisende Wort, welches auf Selbstaussagen verzichtet, sehnsuchtsvolles Warten und gelegentliche ekstatische Freude mit allen möglichen Ausdrucksformen. Natürlich, das alles sind »Erfahrungen«, aber weil es um Gott und mich geht, Erfahrungen ganz eigener Art, in aller Vergleichbarkeit doch unvergleichbar. Es ist die spezifisch christliche Erfahrung, die in der Einheit des wahren Menschseins und Gottseins Christi ihren Grund hat. Die Inkarnation des Gottessohnes selbst ist Ursache und Ermutigung zur gestalthaften Glaubenserfahrung: Kirche als Leib Christi.

Zwischen Menschen auf solchem Weg und mit ähnlich verlaufender Geschichte ergibt sich allerdings auch Gemeinschaft, ja Einverständnis vor und hinter allen Worten, so daß auch die oft so mißverständlichen, begrenzenden und ausgrenzenden Wörter kein Hindernis mehr in der Beziehung zu Gott und zueinander sind.

Am Anfang steht allerdings immer der allem menschlichen Aufbruch unendlich vorausgehende und täglich neu erfolgende Weckruf zur Liebe durch den liebenden Gott: »Mein Herz stürmt ihm entgegen, daß ich mich seiner erbarmen muß.«[14]

Hinter dieser Grundvoraussetzung gilt dann zweierlei im Blick auf mich selbst:

Erstens: Die Entscheidung und die ihr folgende Entschiedenheit wird im Kern der Existenz erfahren und ist unverwechselbar existentiell-personhaft; sie geht so tief, daß es nie wieder eine Unsicherheit darüber geben wird, daß dieser Weg der für mich bestimmte und – trotz gelegentlicher Zweifel – der einzig mögliche ist. Wieder seien zwei Zeugen dafür aus ganz verschiedenen Zeiten angeführt, die die Erfahrung unzähliger anderer Christen bestätigen:

Matthias Claudius

»Es war einmal ein Polycarpus, der war ein Christ und zugleich Bischof von Smyrna, und den verfolgten deswegen die Heiden und schleppten ihn vor den Richter, daß er verbrannt würde. Und der Richter tat ihm den unverschämten Antrag, daß er Christum lästern solle. ›Ich diene ihm nun 86 Jahre‹, antwortete Polycarpus, ›und er hat mir kein Übels getan. Wie sollte ich denn meinen Herrn und Heiland lästern?‹ Indes war er's gerne zufrieden, daß er verbrannt würde, und das geschah denn auch. Was soll man daraus lernen? Antwort: Daß das eine gute Herrschaft sein muß, für die man nach 86jährigem Dienst noch gerne durchs Feuer gehen will.«[15]

Dag Hammarskjöld
»Ich weiß nicht, wer – oder was – die Frage stellte. Ich weiß nicht, wann sie gestellt wurde, ich weiß nicht, ob ich antwortete. Aber einmal antwortete ich ja zu jemandem – oder zu etwas. Von dieser Stunde her rührt die Gewißheit, daß das Dasein sinnvoll ist und daß darum mein Leben, in Unterwerfung, ein Ziel hat. Seit dieser Stunde habe ich gewußt, was das heißt ›nicht hinter sich zu schauen‹, ›nicht für den anderen Tag zu sorgen‹.«[16]
Urpersönlich ist diese Erfahrung, unübertragbar und – paradox genug – eben deshalb so einladend für andere, den eigenen Aufbruch ebenfalls zu wagen.
Zweitens: Menschen, die so den Advent Gottes bei ihnen und ihre eigene Selbsthingabe erfahren haben, können in einem tiefen und wachsenden Sinn einander begegnen, weil ihre Erfahrung zwar persönlich, aber nicht privat ist, sondern eben darin eine soziale Dimension hat. So wie die antwortende Zuwendung zu Gott »ek-statisch«, sich selbst verlassend ist, selbst wenn sie sich unbemerkt, in der Personmitte, »en-statisch« vollzieht, so ist auch jede Begegnung mit anderen – gleich ob sie bereits Erfahrene sind oder noch werden wollen oder sollten – ek-statisch also, Verzicht auf privatistischen Genuß von Kommunikation, Ein-gehen auf den anderen. »Menschen, denen das Brennen im Geist in die Wiege gelegt wurde, verstehen sich, ohne viele Worte

zu machen, trotz aller Verschiedenheit der Geschlechter, der Nation und der Konfession. Und wenn ihnen dieses Gefühl fremd ist, bleibt eine Sprachverschiedenheit zwischen ihnen, mögen sie noch so nahe zusammenrücken. Die lodernde Sehnsucht nach dem Höchsten allein läßt den Menschen nicht im Niedrigen versanden, sie ist Antrieb und Aufschwung zum Unendlichen« (W. Nigg) und zum Mitmenschen.

Mystik und Weltverantwortung

Mancherlei von vor allem protestantischen Befürchtungen wird damit gegenstandslos: Von einem Verlust der personalen Identität bei intensiver Gottesbegegnung kann ebensowenig die Rede sein wie vom Verzicht auf zwischenmenschliche und strukturelle Verantwortung. Gotteserfahrung und Welterfahrung schließen sich nicht aus, sondern ein. Auch der christliche Mystiker lebt sein Leben lang vom Glauben (und nicht vom Schauen), vom Gebet um immer neue Ankunft und Begegnung (und nicht von vorweggenommener Himmelfahrt), vom Hören auf das durch die Heilige Schrift und die Sakramente der Kirche vermittelte lebendige Wort des Evangeliums (und nicht von einer wie immer gearteten Unmittelbarkeit zu Gott).
Vielleicht hat Schleiermacher recht, daß wirkliche Mystik »weder ein Wissen noch ein Tun« sei. Sie ist beides zusammen und mehr als das, sie ist Durchdringung und Beglükkung, Verwandlung und Erneuerung des Glaubenden durch die Liebe Gottes, totales Ausrichten auf Gott, wonnevoller Durst und sehnsüchtiges Leid über die Abwesenheit des Geliebten. Solche Liebe wird aber immer klar und nüchtern sein und sich rationaler und sozialer Verantwortung mit allen Konsequenzen öffnen. Und sie wird immer einen Überschuß haben und deshalb in den Anforderungen des Alltags nicht aufgehen[17]. Sie ist nicht nur Erfahrung der

Liebe, immer neu entflammt und auf Hingabe aus, sondern sie wird auch zur Geschichte einer fortschreitenden Liebe zu Gott, die Zwiegespräch und Stille, Abwendung vom Umgebenden und Rückkehr in den Alltag enthält, kurzum, die die Merkmale und Gefährdungen geschichtlicher Existenz keineswegs verleugnet.

Nüchterne Trunkenheit, intentionale Selbstvergessenheit, engagierte Gelassenheit, solche der Geschichte christlicher Mystik entstammende, paradox formulierte Lebenshaltungen bringen zum Ausdruck, daß christliche Mystik in aller Erfahrung artikulierbar, in aller Theorie praktikabel bleibt und in aller Gottesschau auf Verleiblichung drängt. Experientia und cognitio Dei (Erfahrung und Erkenntnis Gottes) schließen sich nicht aus, Erfahrung und Glaube, Erfahrung und Wort ebenfalls nicht. Im Mittelalter war die Mystik nicht nur die andere Seite der Scholastik, sondern in der Mystik lebte auch die monastische Erfahrungstheologie in der scholastischen Wissenschaft weiter. Die diskursive (in einzelnen Akten vor sich gehende) Rationalität des methodischen Zugangs zu Gott und der Welt hat dem, der den mystischen Weg ebenfalls gelten ließ, die intuitive Annäherung an Gott nicht verwehrt, sondern diese vielmehr auf verschiedenen Wegen möglich gemacht. Noch in der reformatorischen Demutstheologie Martin Luthers, die nicht moralische Einstellung, sondern Demut als Inbegriff christlicher Existenzweise meint, lebt dieses weite und reiche Verständnis des Christseins weiter. Trotz aller Unterschiede sind Luther und Teresa von Avila nicht nur Kinder des gleichen Jahrhunderts, sondern auch auf der gleichen Spur einer radikalen Nachfolge der Liebe, und ebenso Luther und Johannes vom Kreuz, nämlich auf einem ähnlichen Weg der Erfahrung von Anfechtung.

Schon im 15. Jahrhundert beginnen allerdings religiöses und weltliches Denken, Theologie und Humanismus einerseits und theologische Wissenschaft und »neue Frömmigkeit« andererseits nebeneinander herzugehen und sich allmählich voneinander zu entfernen. Ging es dem Christen bis einschließlich des Reformationsjahrhunderts stets um die intensive Begegnung mit dem lebendigen Gott, wobei die Formen des Erlebens offen und vielfältig bleiben konnten, so änderte sich dies zu Beginn der Neuzeit. R. Déscartes hat diesen Wandel zu Beginn seiner dritten Meditation über das Dasein Gottes beinahe klassisch formuliert: »Ich will jetzt meine Augen schließen, meine Ohren verstopfen und alle meine Sinne ablenken ...; ich will mich nur mit mir selbst unterreden, tiefer in mich hineinblicken und so versuchen, mich mir selbst nach und nach bekannter und vertrauter zu machen.«[18]

Nach und nach, in fließendem Übergang werden Form und Inhalt, Wie und Was die Erfahrung voneinander unterschieden, und das Wie der Erfahrung erhält nun größere Bedeutung als die Erfahrung selbst. Die »Innerlichkeit«, für fast jeden Mystiker das zentrale Wort für die sich in der Tiefe vollziehende und den Menschen ganz in Beschlag nehmende Liebesbeziehung, wird nun zur formalen »Verinnerlichung« als methodisch beschreibbarem Weg, oft mit ihr identifiziert und bald auch diskreditiert. Das altbekannte, in der geistlichen Literatur der Kirche oftmals begegnende Wort »secum habitare«[19] (mit sich beschäftigt sein) als Ausdruck der Ichbegründung in der Gottesgründung wird nun zur programmatischen Beschreibung des in sich allein ruhenden, Gottes nicht mehr bedürftigen Menschen der Aufklärungszeit. Nun wird, im 18. Jahrhundert erstmals in Frankreich nachweisbar, der Begriff »Mystik, mystisch« geprägt, und das psychologische Interesse an der Erfahrung[20] wie das philosophische Interesse an der Transzendenz des Menschen dominiert vor aller religiös-theologischen Ortung der Erfahrung[21].

Seitdem gerät mystische Erfahrung in der christlichen Kirche unter Verdacht; oft findet sie sich – selbst irritiert – nur im Untergrund wieder. Christliche Theologie aber beginnt über Mystik zu forschen und zu diskutieren, und besonders der Protestantismus hat sie mit schnellen Verurteilungen aus dem Haus der Kirche verwiesen: Mystik sei »katholische Frömmigkeit« und »geistliche Genußsucht« (A. Harnack), »der Todfeind biblisch-reformatorischen Christentums«, ein »schlechthin antichristliches Phänomen« (P. Althans) und vielleicht sogar »etwas total Nichtchristliches« (E. Brunner)[22]. Zwar hat sich diese Auffassung in den letzten Jahrzehnten gewandelt: Die interkonfessionell betriebene Erforschung des Mittelalters, das ökumenische Gespräch zwischen Christen aller Glaubensrichtungen und nicht zuletzt die zunehmende Herausforderung durch nichtchristliche esoterisch-religiöse Erfahrungsangebote haben die überkommenden Vorurteile gegen Mystik relativiert[23]. Trotzdem: Reserven und Unsicherheiten bestehen weiter; deswegen ist der neu eröffnete Weg nun auch zu gehen. Ob Karl Rahners Programmsatz: »Der Christ von morgen wird Mystiker sein oder nicht mehr sein«[24] bloße Vermutung oder These mit begründeter Lebbarkeit ist, wird die Zukunft des Christentums erweisen. Einige Vorschläge »zur Erneuerung des Glaubens aus dem Geist christlicher Mystik« seien allerdings thesenartig ans Ende dieser Darlegungen gestellt.

Mystik als Intensivchristentum integriert Denken und Erfahrung, macht Glauben leibhaftig. Wir sollten aufhören, Mystik und Glauben als Gegensätze zu bezeichnen.

Es gibt verschiedene Intensivformen gelebten christlichen Glaubens nebeneinander, die sich nicht ausschließen, sondern sich vielmehr bereichern. Ob Mystik christliche Mystik ist und bleibt, entscheidet sich daran, ob sämtliche, so bezeichneten Gestalten des Christentums im Glauben ihr Zentrum sehen und wie sie mit den Anfechtungen als der Nacht des Glaubens umgehen[25].

Christliche Mystik ist – ihrem Wesen nach – Liebes-, Begegnungsmystik. Sie wird daher auf das Wort niemals verzichten können, und sei es die knappste verbale Äußerung, wie sie im Jesusgebet erfolgt[26], oder auch nur die Äußerung schweigender Anbetung des geatmeten »Mein Gott, mein Alles«. Deswegen wird sie ihren Weg aber auch dem Gespräch und der Nachprüfbarkeit aussetzen. Deswegen wird sie – ihrem Wesen nach – offen für alle Weisen der Verantwortung sein, im persönlichen und sozialen, im sakramentalen und ekklesialen Bereich.

Christliche Mystik ist in ihren Erfahrungen und Äußerungen vorkonfessionell, sie ermöglicht tiefe Gemeinsamkeitserfahrung zwischen Christen aller Konfessionen und den Dialog auch mit Angehörigen anderer Religionen. Dabei verhilft die Begegnung mit dem »Fremden«, dem, der sich ohne Angst stellt, in der Regel zu vertiefter Wahrnehmung der eigenen Tradition (in Licht- und Schattenerfahrung, vielleicht sogar in gelegentlicher Verfremdung des Eigenen) wie zur vertieften Erfahrung des eigenen Weges (mit allen notwendigen Korrekturen und Neuanfängen). Daß Glauben Freiheit, Leben »weiten Raum« und nicht ängstliches Verkriechen und Abgrenzen meint, ergibt sich dann in unerwarteter, beglückender Weise. Die neu geschenkten und neu entdeckten Möglichkeiten christlicher Spiritualität als intensivierter Glaubensgestaltung sind dafür exzessiv zu nutzen.

Christliche Mystik, so verstanden und gelebt, könnte damit zu neuer Erweckung, zu neuem Aufbruch in der Gesamtkirche führen. Allen Widerständen der gottlosen Welt und allen innerkirchlichen Verhärtungen zum Trotz sollte die neue Offenheit für den »Ankommenden« (C. Albrecht), für den »je-größeren-Gott« (E. Przywara) zu tieferer, ruhiger Vergewisserung im Glauben und zu einer ebenso gewissen, brennenden Liebe gegenüber Gott und den Menschen führen: »Liebe heißt immer ›Exzentration‹: Sich vereinigen heißt aus sich auswandern und teilweise im Geliebten sterben.«[27] Christliche Mystik wird sich im Alltag zu bewähren haben, den Alltag christlich durchdringen und so zur Mystik des Alltags werden. In diesem Sinn wird der Christ von morgen Mystiker sein müssen, sein können, Mystiker sein.

Anmerkungen

[1] Vgl. dazu den demnächst erscheinenden Quellenband zur christlichen Mystik (hg. G. Ruhbach/J. Sudbrack, München 1989).

[2] Vgl. dazu P. Dinzelbacher/P. Baier (Hg.), Frauenmystik im Mittelalter, Ostfildern 1985, passim.

[3] Unter »Gottseligkeit« versteht G. Tersteegen die »wahre Frömmigkeit« und beschreibt sie als »kindliche Furcht und Hochachtung Gottes, als herzliches Vertrauen und Glauben und inniges Anhangen und Liebe Gottes« (vgl. G. Tersteegen, Kurze Abhandlung von dem Wesen und Nutzen der wahren Frömmigkeit, in: Weg der Wahrheit, 4. Auflage, Nachdruck, Stuttgart 1968, 131). Ihre Wirkung beschreibt er so: »Sie wirket in der Seele einen Ausgang aus sich selbst und allem, was nicht Gott ist und ein inniges Hungern, Dürsten und Zufluchtnehmen, ja wirkliches Ein- und Übergehen in Christum Jesum, mit welchem sie sich im Grunde vereiniget, und durch das beständige Glaubensabhangen, Einkehren und Innebleiben in ihm, in ihrem Grunde, nimmt sie wahrhaftig, und nicht in Einbildung, Gnade um Gnade, wesentliche Geistes- und neue Lebenskraft und Saft, womit sie durchdrungen und belebet wird, so daß nach und nach alle inneren und äußeren Taten, Worte, Gedanken und Neigungen von diesem neuen Lebensursprung hervorgebracht und beseelet werden.« (Ebda, S. 133).

[4] G. Tersteegen, Kurzer Bericht von der Mystik, in: Weg der Wahrheit, a.a.O., 270–274.

[5] L. Bouyer, »Mystisch« – Zur Geschichte eines Wortes, in: J. Sudbrack (Hg.), Das Mysterium und die Mystik, Würzburg 1974, 57 ff; J. Sudbrack, Die Geist-Einheit von Heilsgeheimnis und Heilserfahrung, ebda, 9 ff; J. Sudbrack, Mystik, Mainz/Stuttgart 1988, 30 ff.

[6] 1 Tim 3, 16.

[7] Joh 20, 28.

[8] Mt 16, 16 par.

[9] Lk 24, 30–31.

[10] Joh 14, 6.

[11] Zitiert bei J. Sudbrack, Mystik, a.a.O., 1988, 33.

[12] Quelle unbekannt.

[13] U. Schaffer, Neues Umarmen, Stuttgart 1986^{5}, 37.

[14] Jer 31, 20b.

[15] M. Claudius, Kleine Geschichten, in: Werke, Bd. 2, Hamburg/Gotha 1844, 76 f.

[16] D. Hammarskjöld, Zeichen am Weg, München/Zürich 1965, 170.

[17] Vgl. dazu J. Sudbrack, Erfahrung einer Liebe, Freiburg 1979, 98 ff.

[18] R. Déscartes, Meditationen über die Grundlagen der Philosophie, (hg. A. Buchenau), Hamburg 1954, 27.

[19] Vgl. z. B. Gregor I, Dial. II, III (BKV, Bd. II, 33, S. 57) und die einschlägige Literatur zum Thema.

[20] Deshalb tritt seitdem auch das Interesse an den Begleiterscheinungen,

den Ausdrucksformen der Mystik so in den Vordergrund, bis in die neue Esoterik des 20. Jahrhunderts hinein.

[21] Vgl. dazu die Hinweise bei J. Sudbrack, Mystik, a.a.O., 1988, 74 ff.

[22] Zitate bei K. Beyschlag, Was heißt mystische Erfahrung, in: H. Reller/M. Seitz (Hg.), Herausforderung: Religiöse Erfahrung, Göttingen 1980, 172 ff.

[23] Vgl. dazu G. Ruhbach, Gerhard Tersteegen, in: G. Ruhbach/J. Sudbrack (Hg.), Große Mystiker, München 1984, 251 f.

[24] Vgl. dazu den Beitrag von J. Sudbrack in dieser Veröffentlichung, S. 99 ff.

[25] Die sehr verständnisvolle und kluge Würdigung der mystischen Erfahrung durch K. Beyschlag (a.a.O., 192 ff) ist immer noch nicht weit genug gegangen.

[26] Z. B. mit Ps 119, 94: Ich bin Dein, hilf mir.

[27] Teilhard de Chardin, zitiert bei J. Sudbrack, Mystik, a.a.O., 125.

Bernardin Schellenberger

Die Liebesmystik Bernhards von Clairvaux, dargestellt auf dem Hintergrund der höfischen Liebe des 12. Jahrhunderts

Im Frühjahr 1112 tritt ein Zweiundzwanzigjähriger in ein Kloster ein. Das Kloster ist von besonderer Art, der Zweiundzwanzigjährige ist außergewöhnlich, die Umstände seines Eintritts sind einmalig in der Ordensgeschichte. Alle drei Faktoren wirken zusammen, daß ein neues Blatt in der Mönchsgeschichte und in der Geschichte der Spiritualität, der Gottesliebe, aufgeschlagen wird.

Das Kloster heißt das »Neue Kloster« oder »Cistercium« und liegt in Burgund, in der Gegend von Dijon; es besteht seit 14 Jahren und ist gegründet von einer Gruppe Männer mit mehr oder weniger langen Vorgeschichten als Mönche, Eremiten und Pilger. Sie sind ausgezogen aus dem etablierten Benediktinertum der Cluniazenser und wollen kompromißlos in Einfachheit, Strenge und Sammlung von der Arbeit ihrer Hände leben und arm dem armen Jesus nachfolgen. In jener Zeit hat die Wahrheit, daß er, obwohl Gottes Sohn, »unseretwegen arm geworden ist, um uns durch seine Armut reich zu machen« (2 Kor 8,9), zahllose Menschen erschüttert. Das hat ihr Gottesbild verändert: Der erhabene Pantokrator, der streng und unnahbar von den Apsiden der romanischen Kirchen blickte, wandelte sich ihnen zum nahen Bruder und zum Leidensmann, den man angesichts seiner Hingabe an uns nicht anders als lieben und nachahmen kann in seiner irdischen Lebensform, soweit sie aus den Evangelien ablesbar ist und durch zeitgenössische Vorstellungen ausgemalt wird.

Der Zweiundzwanzigjährige ist der junge Adlige Bernhard von Fontaines, ebenfalls in der Nähe von Dijon, hochbegabt, stürmisch in seiner Begeisterung für die Gottesliebe und für das neue Mönchsideal. Sein Name verbindet sich für immer mit dem Namen der Abtei, zu deren Abt er zwei Jahre später bestellt wird: Clairvaux.
Der Umstand seines Eintritts: er überredet gleich dreißig Verwandte und Freunde, Adlige und Ritter, mit ihm die neue, waffenlose Art von Kriegsdienst bei Fasten und Beten, Feldarbeit, Singen und Schweigen anzutreten. Dieser dritte Umstand ist für unser Thema von entscheidender Bedeutung.
Der Nachwuchs der traditionellen Klöster hatte sich im Wesentlichen rekrutiert aus Zöglingen, die von ihren Eltern bereits als Kinder in die Klosterschulen gegeben worden waren; hier aber trat unversehens eine große Gruppe von Erwachsenen in ein Kloster ein, brachte ihre geprägte Erfahrungswelt und Mentalität mit, verursachte einen neuen Frömmigkeitsstil und zog im Lauf der darauffolgenden Jahrzehnte Tausende weiterer Erwachsener mitten aus dem Leben, aus Ehe und Beruf nach sich. Eine Vorstellung in Zahlen: vierzig Jahre nach dem denkwürdigen Klostereintritt, beim Tod Bernhards von Clairvaux, steht das Kloster Cîteaux an der Spitze einer Familie von rund 350 Zisterzienserklöstern, und einige dieser Abteien haben an die 700 Bewohner; Bernhard allein hat 70 dieser Klöster gegründet. Mit diesen Erwachsenen, die die Klöster der Zisterzienser und der ihnen geistesverwandten Orden bevölkern, zieht die Welt des Rittertums des 12. Jahrhunderts in die Spiritualität ein und prägt sie nachhaltig.
Zwei große Themen hatten in der Welt vor allem die Gemüter der Adligen und Gebildeten beherrscht, aus deren Kreisen der Nachwuchs des neuen Ordens vorwiegend stammt: das aggressive Thema des Kriegführens und des Kämpfens bei Fehden und Turnieren sowie das erotische Thema der Liebe zwischen Mann und Frau. Mit dem Ein-

kleiden und dem Abscheren ihrer Locken waren diese Themen so wenig aus den Köpfen der frischgebackenen Mönche verbannt, wie es bei heutigen Novizen das Interesse an moderner Musik oder an Fußball-Länderspielen sein mag.
Der Zisterzienser Cäsar von Heisterbach im Rheinland (um 1180 bis 1240, also zwei Generationen nach Bernhard) erzählt: »An einem Festtag hielt uns Gevardus, der Vorgänger des jetzigen Abtes, im Kapitel eine Predigt. Er bemerkte, daß einige, besonders unter den Laienbrüdern, eingeschlafen waren; einige begannen sogar zu schnarchen. Da erhob er seine Stimme: ›Hört, meine Brüder‹, sagte er, ›ich will euch etwas Anderes und Wichtiges erzählen. Es war einmal ein König namens Artus.‹ Damit brach er die Geschichte ab, aber er sagte weiter: ›Meine Brüder, das ist keine leichte Sache. Ihr seid eingeschlafen, als ich zu euch von Gott gesprochen habe. Aber sobald ich euch ein unterhaltsames Thema angekündigt habe, habt ihr die Ohren gespitzt, seid aufgewacht und habt genau hingehört.‹«[1] König Artus, bei dessen Namen die Köpfe der schlummernden Mönche voll Interesse hochfuhren, spielte in den Romanen und Romanzen des 12. Jahrhunderts die Rolle des legendären Oberhauptes aller guten Ritter, die stets in spannende Abenteuer verstrickt waren.
Bernhard von Clairvaux vermochte faszinierender von Gott zu sprechen als sein späterer Amtskollege Gevardus. Ja, seine geniale Leistung besteht darin, die Themen, die seine Zeitgenossen interessierten und bewegten, aufgegriffen, auf die Ebene des geistlichen Lebens gehoben und so formuliert zu haben, daß sie in seinem Mund mitreißender wurden als das, was die Erzähler der Rittergeschichten und die Dichter der Liebeslieder zu bieten vermochten. Wir lassen für unseren Zusammenhang die kriegerischen Bilder des Kampfes gegen das Böse im eigenen Herzen und die Schilderungen der Verteidigung der Seelenburg gegen die Angriffe der Feinde beiseite[2] und betrachten nur das zweite Thema genauer: wie Bernhard sich für seine Darstellung

der Gottesliebe der Sprache und Bilder der zeitgenössischen Liebesliteratur bedient und diese sogar übertroffen hat. »Nicht beim weltlichen Poeten, der für den Hof schrieb, ließen sich die intimsten, dichtesten und gewagtesten Beschreibungen des Liebesspiels finden, sondern beim Mönchspoeten in Clairvaux.«[3] Soweit ich sehe, ist bislang bei Darstellungen der Mystik Bernhards dieser Hintergrund, die höfische Minne seiner Zeit, noch recht wenig beachtet worden[4]. Bernhard wiederum hat die weltliche Liebesliteratur beeinflußt, z. B. die Romanze »Erec und Enide« des Chrétien de Troyes; und um 1220 münzt der Autor der »Queste del Saint-Graal« schließlich die Gnaden- und Liebestheologie Bernhards ausdrücklich in einen Ritterroman um[5].

Bernhard hat eine Vorliebe für das erotischste Buch der Bibel, das »Hohelied«. In einer über Jahre angelegten Predigtreihe legt er Vers um Vers aus. Er kommt bis zu seinem Tod aber mit 86 Predigten nur bis zu Vers 3, 1. Zwei seiner Mitbrüder führen dann diesen Hoheliedkommentar zu Ende: Gilbert von Hoyland gelangt mit 48 weiteren Predigten bis zu Vers 5, 10[6], und schließlich gelingt es Johannes von Ford, mit sage und schreibe weiteren 120 Predigten den Schlußvers 8, 14 zu erreichen[7].

Für diese Zisterzienser erzählen die Sätze des »Hohenliedes« die faszinierende Geschichte der Liebe Gottes zum Menschen und des Menschen zu Gott. So erklärt zum Beispiel Bernhard den Hoheliedvers 2, 8: »Horch! Mein Geliebter! Siehe, er kommt und springt über die Berge!« folgendermaßen: »Malen wir uns das in einem Bild so aus: Ein großer Mann, ein Mensch mit der Gestalt eines Riesen, glüht vor Liebe zu einer armen kleinen Frau. Und stellen wir uns vor, daß sie von ihm fortgelaufen ist. Er läuft hinter ihr her, möchte wieder in ihren Armen liegen. Er springt über die Berge und Hügel« (Cant. 53, 3)[8]. Und dann führt Bernhard aus: Der Riese, das ist Gott; die arme kleine Frau, das ist der Mensch; und Gott springt über alle Berge und Hügel bis

zum Menschen in seiner Niedrigkeit herunter, voll törichter, ganz unstandesgemäßer Liebe.
Eine solche Sprache ist im Kloster neu. Vergleicht man damit die Unterweisung, die Anselm von Canterbury zwischen 1109 und 1130 seinen Mönchen gegeben hat, so springt der Unterschied in die Augen. Darin kommt keine einzige Liebesgeschichte vor, und auf mehr als 300 Textseiten finden sich nur zwei Zitate aus dem Hohenlied, während wir solchen bei Bernhard und seinen Mitbrüdern auf Schritt und Tritt begegnen. Offensichtlich hatte Anselm also noch Klosterzöglinge vor sich und bediente sich ihrer Sprache, während Bernhard erwachsene, im Liebes- und zum Teil sogar Eheleben erfahrene Ritter und Weltleute ins geistliche Leben einführte[9].

Höfische Liebe

Bevor wir uns Bernhards Texte und seine geistliche Lehre unter diesem Gesichtspunkt näher ansehen, soll jedoch mit knappen Strichen das Phänomen der höfischen Minne, die im 12. Jahrhundert erwacht und blüht, beschrieben werden. In diesem Jahrhundert voller Umbrüche wurde die Liebe zwischen Mann und Frau mit einem Mal das Thema, das zahllose Geister bewegte und inspirierte. Um 1100 dichtete und sang Herzog Wilhelm IX. von Aquitanien die ersten uns bekannten Minnelieder[10], und von da an entstand eine reiche Literatur der romantischen Liebe.
Die geliebte, verehrte Frau der Minnesänger und Ritter war merkwürdigerweise gewöhnlich nicht ihre Braut oder Ehefrau, sondern die Frau eines anderen oder, im Falle der landlosen, fahrenden Sänger, die hohe, für sie auf immer unerreichbare Dame, in deren Dienst sie standen. Eheliche Liebe (affectus) und wahre (!) Liebe (dilectio, amor) waren nach weithin verbreiteter Auffassung zwei völlig verschiedene Dinge, und der zeitgenössische Theoretiker der Liebe, An-

dreas Capellanus, nennt in seiner Liebesfibel als erste Regel den Grundsatz: Der Umstand, verheiratet zu sein, sei keine Entschuldigung, niemanden zu lieben[11].

Ein Grund für diese seltsame Abspaltung der erotischen Liebe von der Ehe ist im System des Feudalismus zu suchen, das den Ritterstand hat entstehen lassen: in der Bindung des Ritters an sein Land, von dem er seinen Namen, seine Macht und sein Einkommen hatte. Wenn ein junger Ritter verheiratet wurde – die Ehen wurden gewöhnlich bereits für die Kinder bald nach der Geburt vorausgeplant und ausgehandelt –, dann war der ausschlaggebende Gesichtspunkt, wieviel Grundbesitz und welchen Rang er und seine Braut in die Ehe mitbrachten. Das Verheiraten der Kinder war deshalb zu jener Zeit ein ökonomisches, juristisches Geschäft. Für die eigentlichen Hauptpersonen, die Kinder und Jugendlichen, die nach scharfem Kalkül kopuliert und zur Lebensgemeinschaft zusammengeführt wurden, fiel dabei die vielleicht poetischste Phase der Liebe zwischen Mann und Frau aus: die des Sich-Entdeckens, des Sich-Verliebens und Werbens und der Sehnsucht nacheinander.

Der andere schwerwiegende Grund dafür, daß die romantische Liebe nicht das selbstverständliche Klima zwischen Braut und Bräutigam, Mann und Frau war, liegt in einer jahrhundertealten asketischen Tradition der Kirche, die die erotischen und sexuellen Freuden als sündhafte Lust gebannt und die sexuelle Vereinigung nur zum Zweck der Zeugung von Nachkommenschaft erlaubt hatte. Die höfischen Dichter nun propagierten mit einemmal voller Leidenschaft die Einsicht, »daß jene leidenschaftliche Liebe, die Mann und Frau zueinander hinzieht und ein Einswerden von Herz und Sinn, Seele und Leib sucht, grundsätzlich ein *Wert* ist«[12].

Die Minnekultur allerdings hatte die Tendenz, die voreheliche Phase der Faszination der Geschlechter füreinander zu verselbständigen und zu einer Art Dauereinrichtung oder eigenständiger Kunst zu machen, die gar nicht mehr ernsthaft auf Begegnung oder gar Bindung abzielte. Die »hohe Minne« der Minnesänger, der »fin'amor« der Troubadoure des französischen Südens und der trouvères des Nordens war im Ideal ein »amor de lonh«, eine »Liebe aus der Ferne«; eine Liebe, die aus »sene«, »senung«, »Sehnsucht« bestand und Sehnsucht blieb und im Augenblick der eventuellen Vereinigung sogar starb, wie bei Tristan und Isolde zum Beispiel. Es war in immer neuen Variationen das Thema von den »zwei Königskindern, die hatten einander so lieb, doch sie konnten zusammen nicht kommen, das Wasser war viel zu tief«. Die Minnesänger priesen eine in der Schwebe gehaltene, unerfüllte Liebe, und sie sahen sie als Quelle aller poetischen Inspirationen und aller hohen Tugenden an, als Ansporn zu den größten Entbehrungen und Heldentaten. Manche der verehrten, angehimmelten, besungenen Herrinnen dachten sich immer neue »Prüfungen« der Liebe ihrer Verehrer aus: Fahrten, Duelle, das Herbeibringen mühsam zu erlangender Kostbarkeiten, bis sie endlich ihrem Liebhaber einen Blick, eine freundliche Geste, ein Pfand, einen Kuß oder mehr gewährten.

Diese »hohe Minne«, bei der in die Dame alles Wahre, Gute und Schöne projiziert wurde, verkam in vielen Fällen, und ab dem Ende des Jahrhunderts immer mehr, zur »niederen Minne«, zur Kunst des Verführens und Ehebrechens. Das lag an der Künstlichkeit und Unrealistik dieses hochgesteckten Ideals »reiner« Erotik. Alle großen deutschen Meister der höfischen Liebeslyrik kehrten sich deshalb früher oder später von ihr ab[13]. Sie wurden abgestoßen von groben Verfehlungen gegen ihr Ideal oder taten das aus einem sicheren Gespür für die Echtheit und Unechtheit ihrer Gefühle. Hartmann von Aue spricht vom »ungewissen Wahne«, der ihn allzulange lasse »Trostes ahne«[14]. Er, und noch entschiedener Wolfram von Eschenbach, priesen schließlich die eheliche Liebe; sie sagten, für einen echten Mann müsse seine Ehefrau seine wirkliche »sueze amie – süße Freundin« sein[15].

Die andere Richtung der Abkehr vom illusionären Ideal der Troubadoure war der Weg ins Kloster: von 409 uns namentlich bekannten Minnesängern aus ganz Westeuropa in der Zeit zwischen 1100 und 1280 hat jeder Dritte sein Leben als Mönch beschlossen.[16] Die Klöster boten diesen Dichtern die gleiche Poesie, die gleichen Bilder und Melodien, in denen sie bislang gelebt hatten – nur war das alles jetzt auf den gerichtet, der die unvergängliche Liebe selber und der zuverlässige Vollender aller Liebe ist: auf Gott, den Freund und Liebhaber der Seele.

Im Kreuzzug, zu dem 1147, von Bernhard dazu gedrängt, König Konrad der Hohenstaufer aufbrach, soll der Troubadour Jaufre Rudel mitgereist sein, von dem eine alte provenzalische Chronik erzählt: »Jaufre Rudel von Blaye war ein sehr edler Mann, der Prinz von Blaye. Und er erglühte in Liebe zur Gräfin von Tripolis, die er niemals zu Gesicht bekommen hatte, doch er hatte ihre Schönheit über alle Maßen preisen hören von den Pilgern, die aus Antiochien heimkamen. Und er machte viele Lieder über sie, mit herrlichen Melodien und wenigen Worten. Und um sie einmal zu sehen, nahm er das Kreuz und begab sich aufs Meer. Und auf der Reise fiel ihn eine schwere Krankheit an, so daß die, welche mit im Schiff waren, glaubten, er sei tot, aber sie brachten ihn nach Tripolis und trugen ihn in eine Herberge, und sie hielten ihn für tot. Und es wurde der Gräfin Nachricht hinterbracht, und sie kam zu ihm, und sie nahm ihn in ihre Arme, und er wußte: es war die Gräfin, und er kam wieder zu sich und pries Gott und dankte ihm, daß er ihn habe so lange leben lassen, um sie einmal zu sehen. Und so starb er in der Dame Armen. Und sie ließ ihn in Ehren bestatten in der Kirche der Tempelherren, und am selben Tag wurde sie eine Nonne, infolge des Leids, das sie wegen seines Todes empfand.«[17]

Diese Geschichte hat die Poeten inspiriert: Petrarca, Uhland, Heine, Carducci, Swinburne; aber am rührendsten liest sie sich immer noch in diesem treuherzigen Chroniktext.

Für unser Thema bezeichnend ist der Umstand, daß just im selben Jahr 1147, als Jaufre Rudel todkrank im Bauch des Schiffes gen Tripolis lag, die Zisterzienser in ihren Klöstern – es gab damals schon einige hundert – dabei waren, ein großes Repertoire neuer Gesänge einzuüben, deren Texte allesamt aus dem Hohenlied stammten und alle in den Mund des liebeskranken Poeten gepaßt hätten[18], zum Beispiel das Responsorium: »Ihr Töchter Jerusalems, meldet dem Geliebten, daß ich krank bin vor Liebe. Er küsse mich mit dem Kuß seines Mundes« (Hld 5,8; 1,2), dessen reiche Melodie, mit einer leidenschaftlichen Modulation über dem Wort »amore«, nach Auskunft der Musikfachleute ganz im Stil der Minnelieder komponiert ist – ziemlich sicher von den Mönchen selbst[19]. Das sei nur als ein Beispiel dafür genannt, wie sehr Sprache und Melodie der höfischen Minne und der klösterlichen Mystik im Gleichklang und in der Gleichzeitigkeit lebten.

Liebesgeschichte der Seele mit Gott

Nun muß man allerdings deutlich sehen: Bernhard von Clairvaux und seine Mitbrüder konnten und wollten die Art Liebe zwischen Mann und Frau, wie sie in ihrer Zeit besungen und gepflegt wurde, nicht einfach bestätigen, christlich taufen und geradlinig zu den Höhen der Mystik weiterführen. Sie haben sie vielmehr in Frage gestellt und eine radikale Alternative dazu aufgezeigt. Es gibt keine direkte Brücke zwischen der Liebeskultur ihrer Zeit und ihrer mystischen Liebe, sondern sie fordern einen abrupten Sprung: die höfische Liebe muß man ganz hinter sich lassen, um die wahre Liebe fast im gleichen, nein, in noch schönerem Gewand, aber in völlig neuer Gestalt und Qualität auf einer anderen Ebene wiederzufinden.
Über Bernhards angebliche Welt-, Leib- und Frauenverachtung ist schon viel Unrichtiges geschrieben worden, und

man könnte etliche Formulierungen von ihm dahin auslegen, wenn man sie aus dem Gesamt seines Werkes herauslöst und sie nicht vom geistigen Klima seiner Zeit her versteht. In Wirklichkeit hatte Bernhard ein freies, unbefangenes Verhältnis zur Bilderwelt der Liebe zwischen Mann und Frau und konnte unbeschwert eine mystische Lehre entfalten, die nicht nur genauso poesievoll wie die Liebesträumereien und -abenteuer der Troubadoure war, sondern sie überbot[20].

Bernhard wurde dadurch allerdings zum Konkurrenten, nicht zum Mystagogen der irdischen Liebe zwischen Mann und Frau. In seinem Werk »Über die Gottesliebe« beschreibt er das Wachstum der Liebe bis zur Vereinigung mit Gott, und er schließt dabei weder ausdrücklich noch von der Logik seiner Gedanken her die Möglichkeit einer zwischenmenschlichen Liebe aus, die in die Gottesliebe integriert ist, aber dieses Thema beschäftigt ihn nicht weiter – zum einen, weil in seiner Zeit die Liebe zwischen Mann und Frau auf dem fragwürdigen Feld der Minne kultiviert wurde, und zum anderen, weil er für Mönche gesprochen und geschrieben hat. Und so hat er einen inneren Zusammenhang zwischen ehelicher und göttlicher Liebe nicht aufgezeigt. Die Liebe zwischen Mann und Frau ist ihm immer nur Symbol, Metapher für die geistliche Liebe zu Gott; er versetzt ihre Sprache und Bilder unmittelbar auf eine andere Ebene, spiritualisiert sie. Das kommt uns heute ungenügend vor; denn wir möchten doch gerade erfahren, ob und wie die Liebe zwischen Mann und Frau nicht nur Symbol, Gleichnis, Bild ihrer Liebe zu Gott sei, sondern ihr geistlicher *Weg* zu Gott, ja das Sakrament ihrer Gottesliebe, und was ihre menschliche Liebe immer tiefer mit der Gottesliebe verschmelzen könne, um sie darin nicht aufzulösen, sondern zu vollenden. Aber mit dieser Fragestellung überfordern wir die mittelalterliche geistliche Theologie.

Bernhard hat geistliche Liebesgeschichten in der Form zeitgenössischer Romanzen erzählt, und – was für ihn charakteristisch ist – er ist aus ständiger Bibellesung mit der Sprache der Bibel derart vertraut, daß die Geschichten ganz mit biblischen Bildern und Zitaten durchsetzt sind. Sie hier vorzustellen, ist zu wenig Raum, aber es sei wenigstens der Anfang einer solchen Geschichte zitiert. Es ist die »Erzählung von der Äthiopierin, die sich ein Königssohn zur Frau nahm«:

»Der Sohn des Königs im himmlischen Jerusalem ritt einmal aus, um die niedriger gelegenen Reiche seines Vaters zu besichtigen. Als er alles gesehen hatte, kam er zu seinem Vater heim und sagte: ›Ich habe eine wunderschöne Frau gesehen, die ich mir unbedingt zur Braut nehmen möchte. Sie lebt im Haus des Königs von Babylon. Der König hält sie dort gefangen, und damit man nicht erkennt, wie schön sie ist, hat er sie in schäbige und schmutzige Kleider gehüllt.‹ Darauf sagte der Vater zum Sohn: ›Unmöglich, daß du das tust, mein gleichewiger, wesensgleicher, unsterblicher Sohn! Die Äthiopierin, von der du sprichst, ist nicht gleichen Ranges mit deinem Geschlecht und deiner unermeßlichen Größe!‹ Der Sohn erwiderte: ›Mein Entschluß steht fest: Ich möchte sie mir zur Frau nehmen und werde keine andere heiraten.‹ ›Wenn es so ist‹, sagte der Vater, ›dann sei sie in deine Hand gegeben. Befrei sie aus der babylonischen Gefangenschaft und nimm sie dir nach deinem Wunsch zur Frau.‹ Da eilte alsbald eine unzählige Schar von Engeln und himmlischen Heerscharen herbei, denn alle wollten sich an den Vorbereitungen zur Hochzeit des Sohnes des höchsten Königs beteiligen. Einen von ihnen, nämlich den Erzengel Gabriel, wählte er zu einem besonderen Dienst aus: Gabriel sollte der Brautwerber sein. Und Gabriel sagte zum Sohn des höchsten Königs: ›Schau, ich bin deine Stärke. Du brauchst mir nur zu befehlen, dir deine Auserkorene mit Gewalt mitten aus Babylon zu rauben, und ich bin dazu imstande und bereit‹« (Parab. VI).

So weit der Anfang des Textes. Wie die Geschichte weitergeht, fasse ich zusammen und kommentiere ich. Der Königssohn war gegen alle Gewalttätigkeit: er wollte das freie Ja der Braut.

Die Liebe ist ja ihrem Wesen nach gewaltlos und wehrlos. Man kann sie nicht erzwingen. Man kann sie nur erlangen, indem man um den geliebten Menschen wirbt, indem man ihm seine Liebe zeigt und sie ihm unter Beweis stellt. An diese Spielregeln der Minnesänger und Ritter hat sich auch Gott gehalten, sagt Bernhard: deshalb sei er Mensch geworden und habe für uns und um uns gelitten. In einer Predigt hat er den Gedanken weiter ausgeführt:

»Als Gott sein edles Geschöpf, den Menschen, wiedergewinnen wollte, sagte er zu sich selbst: ›Zwinge ich ihn gegen seinen Willen, so habe ich einen Esel, keinen Menschen. Soll ich Eseln mein Reich anvertrauen? Oder soll ich mir als Gott Ochsen zulegen? Nein: Im Menschen wohnen nicht nur die Angst und die Begierde, die ich benützen könnte, um ihn an mich zu binden, sondern er kennt auch die Liebe, und nichts zieht ihn stärker.‹ So ging Gott ins Fleisch ein. Er erwies sich als derart liebenswürdig, daß er uns jene größte Art der Liebe erwies, die von niemandem übertroffen werden kann: die Liebe, sein Leben für uns hinzugeben (Joh 15,13). So trunken war er vom Wein seiner Liebe, daß er ganz seine Größe vergaß und sich nicht an den Rat des Petrus hielt, der zu ihm sagte: ›Das soll nicht mit dir geschehen!‹ (Mt 16,22)« (Div 29,2–3).

Weil Gott uns so gesonnen ist, erhält in Bernhards Liebesgeschichte Gabriel nicht die Erlaubnis, die Braut gegen ihren Willen aus Babylon zu entführen, sondern er muß um ihre Hand anhalten. Er tritt vor die Erwählte und spricht: »Sei gegrüßt, du Anmutsvolle. Fürchte dich nicht; denn du hast bei Gott Zuneigung gefunden« (Lk 1,28.30). Maria wird geschildert als Personifikation der Menschheit, der Kirche, der Seele, der Gott seine Liebe anträgt. Ihr freies Ja zu Gottes Plänen ist der aufregende, entscheidende Moment, ob die Liebes- und Heilsgeschichte des Neuen Bundes beginnen kann. In einer ganzen Reihe von Predigten »Super Missus est«, das heißt über die Evangeliengeschichte, die anfängt mit den Worten: »Gesandt wurde der Engel Gabriel ...« hat Bernhard die Bedeutung dieses Augenblicks betrachtet. Und die Zisterzienser setzten an den Anfang jedes neuen Kirchenjahres als allerersten adventlichen Gesang in ihrem Stundengebet das »Missus est Gabriel Angelus«, mit einer bezaubernden Melodie[21].

In einer anderen, ähnlichen Liebesgeschichte, in der der himmlische Königssohn die Kirche als Braut werben will, die in Ägypten der Sklavenarbeit bei Lehm und Ziegel unterworfen, weil um den Preis der Sünde verkauft ist, wird der Troubadour David als Brautwerber ausgesandt: »Ich schicke ihn mit der Harfe, damit er ihr Herz gewinne, sie rühre und ihre Lebensgeister wieder wecke, die im Lehm von Ägypten starr geworden und vom Schmutz verkrustet sind.« Er sang als Brautlied den zweiten Teil von Psalm 45: »Höre, Tochter, sieh her und neige dein Ohr ... Den König verlangt nach deiner Schönheit ...« Zu seiner Verstärkung wurde Jesaja nachgeschickt, um der Gefangenen zuzurufen: »Steh auf, steh auf, ergreife den Arm des Herrn und werde stark an ihm! ...« (Jes 51, 17; Parab. IV).

In der ersten Geschichte spricht Maria ihr Jawort, und alsbald wird Hochzeit gefeiert; auch in dieser zweiten Geschichte sagt die Kirche ja und reitet auf einem Esel – dem Bild der Demut und des Verzichts auf Aufwand und Imponiergehabe – ins Reich des Königs. Die folgende Beschreibung ist fast ganz aus Schriftzitaten zusammengewoben: »Und der Bräutigam eilte ihr entgegen in festlicher Freude. Er ergriff ihre rechte Hand, geleitete sie nach seinem Wunsch und nahm sie auf in Herrlichkeit (Ps 73, 24). Er führte sie in die Königsstadt und in die Schlafkammer seiner Mutter (Hld 3, 4). Dort bettete er sie auf das Lager seiner Liebe (Hld 1, 16), zierte sie mit dem Schmuck seines Entzükkens, legte seine Linke um ihr Haupt, und seine Rechte umfing ihren Leib (Hld 2, 6). Er gab Weisung: ›Ich beschwöre euch, ihr Töchter Jerusalems, stört die Liebe nicht auf, weckt sie nicht, bis es ihr selbst gefällt!‹ (Hld 3,5). Dann stellte er sechzig von den Helden Israels um ihr Bett als Wache auf, alle im Krieg bestens geschult; jeder trägt sein Schwert an der Hüfte gegen die Schrecken der Nacht (Hld 3,8). Er küßte sie mit dem Kuß seines Mundes (Hld 1,2), sagte ihr Lebewohl und reiste in ein fernes Land, um sich ein Reich zu erwerben und dann heimzukehren (Lk 19,12)« (Parab. IV).

Auch in der Geschichte, in der Maria als Braut geworben wurde, verläßt der Bräutigam seine Gemahlin schon kurz nach der Hochzeit: »Er gab sie in die Obhut der Apostel und befahl ihnen, nicht von Jerusalem wegzugehen, bis sie mit Kraft von oben ausgestattet würden. Am zehnten Tag danach, am Pfingstfest, schickte er vom Himmel ein großes, starkes Heer, das heißt den Heiligen Geist, der ihr Frieden und Freude verschaffte und ihr die übrigen Früchte zuwachsen ließ, die der Apostel aufzählt« (Parab. VI). In beiden Geschichten schildert Bernhard dann anhand weiterer allegorischer Bilder, wie die allein zurückgelassene Gemahlin alle möglichen Kämpfe, Angriffe, Tücken und Krisen zu bestehen hat. Das entsprach im übrigen der Erfahrung sehr vieler damaliger Frauen, deren Männer am Kreuzzug teilnahmen oder in sonstigen Fehden lange außer Haus weilten.

Kehren wir von den Gleichnisgeschichten Bernhards zu seinen Predigten zurück. Darin finden sich zahlreiche Beschreibungen der Anfangserfahrungen der Liebe – der menschlichen wie der göttlichen –, die zugleich den theologischen Kommentar zu den im Stil der Zeit fabulierten Romanzen bieten.

Wir haben gesehen: Die Liebesgeschichten beginnen gern damit – übrigens auch Chrétien von Troyes' »Erec und Enide« –, daß ein reicher, edler Herr Wohlgefallen findet an einem Mädchen, das in Armut und Elend gefallen, aber unter seiner elenden Hülle voll bezaubernder Anmut ist. Damit soll die theologische Wahrheit illustriert werden, daß der Mensch trotz seiner wesenhaften Endlichkeit und moralischen Unvollkommenheit eine unzerstörbare Schönheit und Würde als Ebenbild Gottes hat und daß ihn Gott, der Hohe und Edle, nicht anders als lieben kann und will. »Jede Seele«, sagt Bernhard, »mag sie auch mit Sünden belastet, von Verführungen umgarnt, im Exil gefangen, vom Leib im Gefängnis gehalten sein; mag sie am Schmutz kleben und im Kot stecken; mag sie an Händen und Füßen gebunden, von Sorgen erdrückt, von Aufgaben zerrissen, von Ängsten verkrampft, von Schmerzen gepeinigt, von Irrtümern umhergetrieben, von Befürchtungen gequält, von Mutmaßungen ruhelos gehetzt werden; mag sie schließlich als Fremdling ins Land der Feinde verschlagen sein und, nach dem Wort des Propheten (Bar 3,11), mit den Toten verunreinigt sein und schon in der Liste derer stehen, die in der Unterwelt sind; mag sie, sage ich, sogar verdammt und bar aller Hoffnung sein, so lehren wir dennoch: selbst dann kann sie in sich spüren, daß ihr die Möglichkeit offensteht, nicht nur aufzuatmen in der Hoffnung auf Vergebung, in der Hoffnung auf Erbarmen, sondern sogar kühn nach der Vermählung mit dem Wort (d.h. mit Christus) zu verlangen; selbst dann kann sie ein Bündnis mit Gott eingehen und braucht sich nicht zu scheuen, das süße Joch der Liebe mit dem König der Engel zu tragen. Denn gibt es irgend etwas, das sie nicht unbedenklich wagen könnte dem gegenüber, von dem sie weiß, daß sein Bild in ihr Wesen geprägt ist, und daß ihr der Adel verliehen ist, sein Ebenbild zu sein? Was, sage ich, hat sie denn vom erhabenen Gott zu befürchten, wo sie doch von ihm abstammt und deshalb das Vertrauen haben darf, zu ihm zu gehören?« (Cant. 83,1). Bernhard formuliert hier in seiner Sprache den Kern und das Neue der Frohen Botschaft des Neuen Testaments: daß Gott dem Menschen schon vor aller Tugendleistung seine Liebe schenke; und daß ein Mensch, ein Sünder, der diese unverdiente, überwältigende Liebe begreift, von ihr umgewandelt und zur Vollkommenheit geführt werde – so wie spontan zwei Liebende aufeinander eingehen, ihren kleinlichen Egoismus sprengen und ihr Wollen in Einklang bringen.

Bernhard beschreibt das Gepacktwerden der Seele von dem, der sie liebt – er nennt ihn oft »das WORT«, weil er ihm als Wort der Heiligen Schrift begegnet –, folgendermaßen: »Das WORT ist lebendig und wirksam (Hebr 4, 12). Gleich nach seinem Eintreten weckte es meine schlafende Seele auf. Es bewegte, erweichte und verwundete mein Herz, denn dieses Herz war hart und steinern und recht krank. Das WORT begann auszureißen und zu zerstören, aufzubauen und zu pflanzen (Jer 18,9), das Dürre zu bewässern, das Finstere zu erleuchten, das Verschlossene zu öffnen, das Gefrorene in Glut zu versetzen, das Krumme gerade und das Unebene zu ebenen Wegen zu machen (Lk 3, 5), so daß meine Seele den Herrn pries und alles, was in mir ist, seinen heiligen Namen (Ps 103, 1). An der Erregung meines Herzens habe ich seine Gegenwart erkannt. Am Schwinden meiner Leidenschaften, am Zurücktreten meiner sinnenhaften Strebungen merkte ich seine mächtige Wirkkraft. Am Aufstöbern und Entlarven meiner verborgenen Schwächen und Fehler stellte ich staunend die Tiefe seiner Weisheit fest. An einer noch so geringen Verbesserung meiner Lebensart erfuhr ich, wie gut und mild es war. An der Erneuerung und Wiederherstellung meiner inneren Gesinnung, das heißt meines inneren Menschen, stellte ich bis zu einem gewissen Grad fest, wie schön seine Gestalt war. Und angesichts all dieser Wirkungen geriet ich in Schrecken und Staunen ob seiner gewaltigen Größe« (Cant. 74, 6).

Ich zitiere jetzt zwei andere Autoren. Der eine sagt: »O was für eine wunderbare Sache ist die Liebe, die den Menschen in so vielen Tugenden erstrahlen läßt und ihn eine solche Fülle edler Sitten lehrt!« Und der andere: »Wer sich so verhalten will, wie es die Liebe lehrt, der muß alles unterlassen, was nicht gut ist. Das erfordert ein ständiges Bemühen und ein dauerndes Hindenken auf die Liebe. Wer zu ihrem Gefolge gehören will, der braucht eine solche Einstellung, daß er das Gute mehr mit Werken als mit Worten leistet. Er darf niemals seine Treue brechen. Freigebigkeit und Tapferkeit stellen sich in den Dienst der Liebe.«

Diese beiden Autoren sind die Minnesänger Walther von der Vogelweide und Hartmann von Aue[22]. Die Darstellung Bernhards, wie die Liebe Gottes auf ihn wirke, entspricht also ganz den Worten der Minnesänger, wenn sie schildern, wie die Liebe ihrer Dame sie zum Guten herausfordere und wandle. »Die Liebe kann dem Mann eine neue und edle Identität schenken; sie inspiriert ihn zu großen Taten im Dienst anderer ... Die Frau, die der Dichter liebt, wird zum Spiegel, in dem er sein ideales Ich und seine besten Möglichkeiten erkennt.«[23]

Allerdings, so berichtet Bernhard von dieser ersten, faszinierenden, das Beste im Menschen weckenden Erfahrung der Liebe, ist sie von vorübergehender Natur. »Das WORT entschwindet wieder, und ich liege wieder wie in einer Krankheit starr und kalt da, wie wenn man unter einem kochenden Topf das Feuer wegnimmt« (Cant. 74, 7). Der Bräutigam scheint – wie die erst kurz vermählten Königssöhne in den Bernhardschen Liebesgeschichten – bald nach der Hochzeit fortzugehen und die Braut alleinzulassen.

Bernhard äußert dazu: »Das WORT hat ja ausdrücklich gesagt: ›Ich gehe fort und komme wieder zu euch‹ (Joh 14, 28) und: ›Eine kleine Weile, und ihr seht mich nicht mehr; und wiederum eine kleine Weile, und ihr seht mich wieder‹ (Joh 16, 17). O kleine kleine Weile! O lange kleine Weile! Lieber Herr, du sagst, es dauere eine kleine Weile, wo wir dich nicht sehen werden? Das Wort meines Herrn in Ehren: es dauert lange, fast unerträglich lange!« (Cant. 74, 4).

»Zeit meines Lebens wird der Ruf ›Kehr zurück!‹ (Hld 2, 17) ein Wort sein, das ich oft gebrauchen werde, um das WORT zurückzurufen. Und so oft es mir wieder entgleitet, so oft werde ich diesen Ruf wiederholen. Ich werde nicht aufhören, mit der glühenden Sehnsucht meines Herzens zu schreien, wie man einem Davonlaufenden nachschreit, damit es wieder umkehrt und mir wieder die Freude seines Heils schenkt, mir sich selbst schenkt« (Cant. 74,7).

Auch hier hält sich Bernhard in seiner Schilderung der Liebesgeschichte der Seele mit Gott an das Grundmodell aller Liebesgeschichten der höfischen Romanzendichter: Ein Paar wird getrennt durch Unglück, Untreue oder Mißgunst anderer; die beiden leiden unter einer langen Trennung, vergehen fast vor Sehnsucht nacheinander; suchen einander auf falschen und auf richtigen Wegen und finden sich nach vielen Leiden und Prüfungen endlich und endgültig wieder[24]. Bernhard spielt alle Themen dieses Modells ausführlich durch: Trennung, Sehnsucht, Suche, falsche und richtige Wege, Leiden, Wiederfinden. Seine Gottesliebe ist wie die Liebe der Troubadoure allermeist ein »amor de lonh«, eine Liebe aus der Ferne, die vibriert in der Spannung von Gegenwart und Abwesenheit; seine Liebesgeschichte mit Gott ist wie diejenige der Ritter, die durch dunkle Wälder und trostlose Einöden irren, eine Suche nach der/dem Geliebten, eine »queste d'amour«. Die Schilderung seiner Liebe – er nennt sie nicht caritas, sondern amor – zwischen Entzücken, Ekstase, Inspiration und Leiden bewegt sich ganz in jenem Wort und Erfahrungsfeld Liebe – Leid – Mitleid, das auch von den klassischen Vertretern der deutschen höfischen Literatur beschrieben worden ist[25].

Den Hoheliedvers 3,1: »In den Nächten auf meinem Lager suchte ich ihn, den meine Seele liebt«, kommentiert Bernhard folgendermaßen: »Die Braut hat ihn gerufen, hat gefleht, er solle wiederkommen, aber der Bräutigam ist fortgeblieben. Warum? Damit ihre Sehnsucht wächst, ihre Zuneigung sich als echt erweist, ihre Liebe sich zu betätigen sucht. Gewiß war seine Abkehr nur Verstellung, nicht Unmut. Es bleibt nichts anderes übrig, als ihn zu suchen. Auf das Rufen hin ist er nicht gekommen; jetzt muß sich herausstellen, ob er sich finden läßt, wenn man ihn sucht.

Doch beachtet: es gibt drei Ursachen, die bisweilen die Suchenden am Finden hindern. Entweder sie suchen nicht zur

rechten Zeit oder nicht auf die rechte Weise oder nicht am rechten Ort.
Immerhin, ›jetzt ist die richtige Zeit, jetzt ist der Tag des Heils‹ (2 Kor 6, 2), und wenn also die Braut jetzt den Geliebten sucht, ist nicht die falsche Zeit die Ursache dafür, daß sie ihn nicht findet. Auch ihre Weise, ihn zu suchen, ist richtig: sie sucht ihn ja mit glühendem Herzen, sucht ihn unermüdlich – also so, wie es sich geziemt. So bleibt nur die dritte Ursache: daß sie ihn nicht am rechten Ort sucht. ›Auf meinem Lager suchte ich ihn, den meine Seele liebt.‹ Wie? Du suchst ihn auf *deinem* Lager, wo er sich doch längst zu seinem Lager begeben hat? Hast du den Menschensohn nicht dorthin aufsteigen sehen, wo er zuvor gewesen war? Er hat bereits Stall und Grab mit dem Himmel vertauscht, und du suchst ihn immer noch auf deinem Lager? Er ist auferstanden, er ist nicht hier (Mk 16, 6). Was suchst du den Starken auf deinem schwachen Lager, den Großen an deinem engen Platz, den Verklärten in einem Stall? Er ist eingegangen in die Macht des Herrn (Ps 71, 16); er thront über den Cherubim (Ps 80, 2; 99, 1 u. a.), er, der vordem unter dem Stein lag. Seit dieser Zeit liegt er nicht mehr, sondern sitzt er. Und du richtest immer noch das Bett zum Liegen?« (Cant. 75, 3–7 Ausw.).
In seinem Traktat »Über die Gottesliebe« hat Bernhard erläutert: »Weil wir fleischlich sind und aus der Begierlichkeit des Fleisches geboren werden, muß unsere Begierde oder Liebe im Fleisch beginnen. Wird diese in die rechte Ordnung gelenkt, so wird sie unter Führung der Gnade in bestimmten Stufen voranschreiten und schließlich im Geist zur höchsten Vollendung gelangen. Denn nicht das Geistige steht am Anfang, sondern das Fleischliche, Animalische; dann erst kommt das Geistige (vgl. 1 Kor 15, 46)« (Dil. XV, 39).
Die »erste Liebe«, die Begeisterung des Anfangs ist noch recht »fleischlich«, das heißt ichbezogen, und darum ist der Entzug dieser Erfahrung pädagogisch notwendig, um den

Menschen zu einer reiferen Form der Liebe zu erziehen. »Die Kirche hat Christus zwar dem Fleische nach gekannt, d. h. in der Schwachheit des Fleisches, aber jetzt kennt sie ihn nicht mehr so (vgl. 2 Kor 5, 16)« (Cant. 75, 8).

»Und ich sprach: ›Aufstehen will ich, die Stadt durchstreifen; auf Gassen und Straßen will ich suchen, den meine Seele liebt.‹ (Hld 3, 2). Ausgezeichnet! Die Braut kann gar nicht anders als aufstehen, sobald sie erfährt, ihr Geliebter sei auferstanden. Ja, du Glückliche, wenn du mit Christus auferstanden bist, mußt du auch an dem Geschmack haben, was droben ist, nicht hier unten; droben mußt du Christus suchen, wo er zur Rechten des Vaters sitzt (Kol 3, 1–2)« (Cant. 75, 12).

»Aber noch immer hat die Braut den Sinn eines Kindes. Ich nehme an, sie war der Meinung, er sei aus dem Grab herausgekommen und habe auf der Stelle wieder die Öffentlichkeit gesucht, um wie gewohnt die Menge zu belehren, die Kranken zu heilen und seine Herrlichkeit an Israel zu offenbaren. So sucht sie ihn wie früher auf den Gassen und Straßen. Begierig, seine Nähe zu genießen, ist sie blind für sein Geheimnis. Und so wird sie abermals enttäuscht und wiederholt ihre Klage: ›Ich habe ihn gesucht und nicht gefunden.‹ (Hld 3, 2). Damit erfüllt sich das Wort des Herrn: ›Ich gehe zum Vater, und ihr werdet mich nicht mehr sehen.‹ (Joh 16, 16). Vielleicht könnte die Braut jetzt sagen: ›Wie werden sie an ihn glauben, wenn sie ihn nicht sehen?‹ Als ob der Glaube vom Sehen käme und nicht vielmehr vom Hören (vgl. Röm 10, 17)!« (Cant. 76, 1–2).

»Was wirst du tun, Braut? Wo er ist, dorthin kannst du jetzt nicht gelangen, du wirst es aber später können (Joh 13, 36). Handle trotzdem, folge ihm, suche ihn! Laß dich von seiner unzugänglichen Klarheit und Hoheit nicht vom Suchen abschrecken! Gib die Hoffnung nicht auf, ihn zu finden! Bemühe dich um den Glauben. Dem, der glaubt, ist alles möglich (Mk 9, 12). ›Nahe bei dir ist das WORT, in deinem Mund und in deinem Herzen.‹ (Röm 10, 8). Glaube, und du hast's gefunden! Denn glauben heißt gefunden haben. Die Gläubigen wissen, daß Christus durch den Glauben in ihren Herzen wohnt (Eph 3,17). Was wäre näher?« (Cant. 76,6).

So verweist Bernhard denjenigen, der Erfahrung sucht oder anfängliche Glückserfahrungen festzuhalten versucht, auf den Weg des *Glaubens,* der nicht von Gefühlen abhängt, sondern getragen und genährt wird vom Wort, das der Geliebte hinterlassen, ja *in* dem er geheimnisvoll bei uns ist. »Die Seele findet ihn wieder«, sagt Bernhard, »wenn sie sich zum WORT hinkehrt. Durch das WORT muß sie umgestaltet, dem WORT muß sie gleichgestaltet werden. Worin? In der Liebe« (Cant. 83,2).

»Je mehr der Mensch über Gott nachdenkt und liest, je mehr er zu ihm betet und ihm gehorcht, desto vertrauter wird er mit ihm, und ganz allmählich leuchtet ihm Gott spürbar auf. Daraus ergibt sich, daß er immer mehr Geschmack an Gott findet. Und wenn er so verkostet, wie gut der Herr ist, gelangt er auf die... Stufe, wo er Gott nicht mehr um seines eigenen Gewinnes, sondern um seiner selbst willen liebt[26]. In diesem Zustand bleibt man dann lange; und ich weiß nicht, ob ein Mensch in diesem Leben ganz so weit kommen kann, daß er (auf einer weiteren Stufe) sich selbst nur noch um Gottes willen liebt. Wer darin Erfahrung hat, mag davon Zeugnis geben. Mir jedenfalls, so gestehe ich, kommt es unmöglich vor. Es wird zweifellos dann wahr werden, wenn der gute und getreue Knecht in die Freude seines Herrn eingeführt wird (Mt 25,21) und trunken sein wird von der Fülle des Hauses Gottes (Ps 36,9). Er wird dann auf eine wunderbare Weise sozusagen ganz sich selbst vergessen, gleichsam ganz und gar sich selbst entschwinden und ganz in Gott eingehen: von da an wird er ihm anhangen und *ein* Geist mit ihm sein (vgl. 1 Kor 6,17)« (Dil. XV, 39).

»Wenn die Seele vom WORT Gottes umgestaltet und ganz in seinem Sinne geformt ist, ist sie mit ihm vermählt. Sie ist

in ihrer Natur schon auf die Ähnlichkeit mit ihm angelegt; wenn sie auch noch in ihrem Wollen ihm gleichförmig wird, liebt sie ihn, wie er sie liebt. Und vollkommen lieben heißt: vermählt sein. Was gibt es Herrlicheres als diese Harmonie, was Wünschenswerteres als diese Liebe? Belehrung durch Menschen genügt dir nicht. Darum, o Seele, gehst du voll Vertrauen zum WORT selber hin, nimmst das WORT selbst in deine Arme, holst dir in allem beim Wort selber Rat und Weisung, und was dein Geist nur fassen kann, ergreifst du mit kühnem Verlangen. Du schließt ein geistliches, heiliges Bündnis. Nein – Bündnis, das ist zu wenig. Eine Umarmung ist das. Ein einander in den Armen Liegen und Einswerden: denn gleiches Wollen und gleiches Nichtwollen macht hier aus zweien *einen* Geist« (Cant. 83, 3).
»Das Fleisch und Blut (Mt 16, 17), das tönerne Gefäß (2 Kor 4, 7), die irdische Herberge (Weish 9, 15): wann können sie das fassen? Wann erfahren sie dieses Angerührtwerden: daß der Geist, trunken von göttlicher Liebe, sich selbst vergißt, wie ein Gefäß in sich selbst zerbricht (Ps 30, 19), ganz in Gott eingeht, Gott umarmt und *ein* Geist mit ihm wird (1 Kor 6, 17)? Daß er sagt: ›Mein Fleisch und mein Herz vergehen. Gott ist der Gott meines Herzens, und mein Anteil ist Gott in Ewigkeit‹ (Ps 73, 26)?
Selig nenne ich den und heilig, dem geschenkt wird, etwas Derartiges in diesem sterblichen Leben zu erfahren, selten zwar, aber doch zuweilen; oder auch nur einmal, und dies ganz plötzlich, aber im Zeitraum eines einzigen winzigen Augenblicks. Denn das ist ein Anteil am Zustand der Himmlischen (Phil 2, 7), nicht Sache menschlichen Empfindens: dich sozusagen zu verlieren, gleichsam als wärest du nicht mehr; dich selbst überhaupt nicht mehr zu spüren, deiner selbst entledigt und nahezu zu Nichts geworden zu sein« (Dil. X, 27).

Diese letzten Ausführungen sind behutsame Beschreibungen der mystischen Ekstase, des Aus-stehens des Menschen aus sich selbst in Gott hinein, die in ihrer Vollendung und Dauer erst nach diesem irdischen Leben erreicht, aber für kurze Augenblicke doch schon hienieden als gnadenhaftes Geschenk erfahren werden kann. Bernhard beschreibt sie (z. B. in Cant. 74) als überraschende, unvorhersehbare »Besuche« des abwesenden Bräutigams bei seiner Braut. Der Mensch kann sie nicht erzwingen, sondern sich nur für dieses Geschenk bereiten, auf sehr nüchterne und praktische Art: durch das Denken an Gott, das Lesen über ihn, das Gebet und den Gehorsam gegenüber seinem Willen, kurz: durch die Praxis des geistlichen Suchens und des tätigen christlichen Lebens. Um dies in konzentrierter Form vielen Menschen zu ermöglichen, richtete Bernhard seine Klöster ein.

Die ekstatischen Erfahrungen, die Bernhard mit den Ausdrücken »raptus« (Hingerissenwerden) und »excessus« (Außersichsein) bezeichnet, erweisen sich ganz konsequent als die Vollendung seiner Lehre von der Liebe. Sie sind von keinerlei außergewöhnlichen Begleitumständen umgeben, sondern stellen den Zustand vollkommener Liebe dar, eine Integration restlos aller Wahrnehmungen und Strebungen in die allumfassende Liebe Gottes: »Die Liebe hat an sich selbst genug. Wo die Liebe einzieht, zieht sie alle anderen Empfindungen (affectus) an sich und nimmt sie gefangen. Deshalb liebt die Seele, die liebt, und sie kann nichts anderes als: lieben« (Cant. 83, 3).

Bernhard bleibt mit seiner Mystik immer im Bildfeld der *Liebe,* also des zutiefst *Dialogischen,* und sein Lieblingszitat aus der Bibel für die Beschreibung des Einsseins mit Gott ist 1 Korinther 6, 17: »Qui adhaeret Domino, unus spiritus est« – »Wer den Herrn umfängt, umarmt, festhält, ist *ein* Geist (mit ihm)« – ein Zitat, das bei Paulus im Zusammenhang der Rede vom Einssein von Mann und Frau steht. Es ist ein Einssein im *Wollen* und Lieben, nicht ein Verschmelzen und Sich-Auflösen im andern: »In den Heiligen muß alle menschliche Liebeskraft auf eine unaussprechliche Weise sich selbst ganz verflüssigen und sich ganz und gar in das Wollen Gottes ergießen. Denn wie anders würde Gott alles in allem sein, wenn im Menschen noch etwas vom Menschen übrigbliebe? Zwar bleibt seine Substanz, aber in einer anderen Form, in einer anderen Herrlichkeit, in einer anderen Potenz« (Dil. X, 28).

Alle geistliche, mystische Erfahrung aber führt zurück zum schlichten, alltäglichen Dienst der Menschen füreinander. Bernhard bringt das zum Ausdruck, indem er das Bild von Bräutigam und Braut weiterführt zum Bild einer fruchtbaren Ehe:

»Beachte, daß die Braut etwas anderes empfängt, als sie ersehnt. Sie bemüht sich um die Ruhe der Kontemplation, aber ihr wird die Mühe des Predigens auferlegt. Sie dürstet nach der Gegenwart des Bräutigams, aber ihr wird die Sorge aufgebürdet, dem Bräutigam Kinder zu gebären und sie zu ernähren. Und dies erlebt sie nicht nur gegenwärtig; bereits ein anderes Mal, so kann ich mich erinnern, als sie sich nach den Umarmungen und Küssen des Bräutigams sehnte, bekam sie zur Antwort: ›Besser als Wein sind deine Brüste‹ (Hld 1, 1, Vulgata-Fassung). Sie sollte daraus erkennen, daß sie Mutter sei und sich darum kümmern solle, den Kleinen Milch zu reichen und ihre Kinder zu ernähren. So empfängt die Braut, die sehnlichst wissen will, wo der Geliebte zur Mittagszeit weidet und ruht, statt seiner ›goldene Gehänge, mit Silber bunt besetzt‹ (Hld 1, 10, Vulgata), das heißt: Weisheit und die Gabe der Rede, zweifellos dazu, daß sie sich der Verkündigung widme. Das soll uns wohl zur Lehre sein, daß wir meist die süßen Küsse unterbrechen müssen, um die Brust mit Milch zu reichen; und daß keiner für sich, sondern daß jeder für alle leben soll« (Cant. 41, 5–6).

Doch schließen wir unsere Betrachtung nicht mit dieser

nüchternen Anweisung, sondern mit einem Text Bernhards, in dem er staunt und jubelt, daß der Riese Gott die arme kleine Frau Menschheit nicht verachtet, sondern leidenschaftlich liebt und für die Liebe begeistert:
»O Kraft der Liebe! Ist nicht der Höchste von allen einer von uns allen geworden? Wer hat das bewirkt? Die Liebe. Sie hat nicht auf Würde geachtet, war reine Güte, übermächtige Zuneigung, tatkräftiger Entschluß. Was ist gewalttätiger? Die Liebe besiegt Gott. Und wer ist dennoch bar jeder Gewalt? Die Liebe. Ich frage: Was ist das für eine Macht, die so gewalttätig ist, daß sie unbedingt siegt, und die zugleich so gewaltlos ist, daß sie jeder Gewalt ausgeliefert ist? Sie hat sich schließlich selbst entäußert (Phil 2,7), damit du es weißt: Die Liebe ist der Grund dafür, daß sich die Fülle ausgeschüttet, der Berg sich auf unsere Ebene erniedrigt, der Einmalige sich zu unserem Gefährten gemacht hat« (Cant. 64,10).

Anmerkungen

[1] Caesarii Heisterbacensis Dialogus Miraculorum, ed. J. Strange, Köln 1851, Dist. 4, cap. 36, p. 105.

[2] Sie finden sich vor allem in seinen »Parabolae« und »Sententiae«.

[3] J. Leclercq, Monks and Love in 12th Century France, Oxford 1979, 121; eine Sammlung der kühnsten Bernhard-Zitate: J. Leclercq, Monks on Marriage, New York 1982, 74–79.

[4] Zwei der wenigen Ausnahmen: J. Deroy, Thèmes et termes de la fin'amour dans les Sermones super Cantica Canticorum de S. Bernard de Clairvaux, in: Actes du XIIe Congrès International de Linguistiques et Philologie romanes, Quebec, University of Laval, 1976; J. Leclercq, Monks on Marriage (vgl. Anm. 3), bes. Kap. 7: Bernard and the Metaphor of Love, 73–129.

[5] Vgl. dazu ausführlich: A. Béguin/Y. Bonnefoy, La Quête du Graal, Paris 1965, bes. S. 19–40; E. Gilson, La Mystique de la Grâce dans la »Quête du Saint-Graal«, in: Les Idées et les Lettres, Paris 1932. Béguin allerdings sieht keinerlei innere Beziehungen zwischen Bernhard und Chrétien. Chrétien sei »einer der profansten Geister des Mittelalters« und übermittle »nur die profanen Werte der Botschaft der Troubadoure«. Er übersehe »völlig den mystischen Hintergedanken ... der doppeldeutigen Poe-

sie der Dichter aus dem Languedoc« (25f). In Wirklichkeit hat Béguin das übersehen. J. Leclercq in Monks and Love (vgl. Anm. 3), 121f jedenfalls sieht »viele und zuweilen frappierende Ähnlichkeiten bei diesen beiden Poeten der Liebe« (d. h. Bernhard und Chrétien). Er spricht vom »biblischen Hintergrund« in der Geschichte Chrétiens und entdeckt »Texte Augustins und anderer Kirchenväter über den Prozeß der Bekehrung und des inneren Neuwerdens« (131). Chrétien finde »die Versöhnung zwischen der Liebe zur Frau und der Liebe zur Gottheit« (ebd.). J. C. Moore, Love in Twelfth Century France, Philadelphia 1972, 97 schließlich schreibt: »Chrétien wird wohl von den Mönchen gelernt haben, daß die Liebe Stufen kennt, daß es eine schrittweise Entwicklung der gegenseitigen Selbst-Offenbarung gibt und ein zunehmendes Schwinden der Selbstsucht um des Geliebten willen.«

6 J. P. Migne, Patrologia Latina, Paris 1844–1855, Bd. 184, 11–252.

7 Erstveröffentlichung durch E. Mikkers u. H. Costello in: Corpus Christianorum, Continuatio Mediaevalis 17 u. 18, Turnhout 1970.

8 Die Bernhard-Zitate sind vom Verfasser übersetzt aus der lateinischen Neuausgabe der Werke Bernhards: J. Leclercq OSB u. H. M. Rochais OSB, S. Bernardi Opera (8 Bde.), Editiones Cistercienses, Romae 1957–1977.
Schlüssel für die Stellenangaben:
Cant. = Sermones super Cantica Canticorum (Predigten über das Hohelied);
Dil. = De diligendo Deo (Traktat über die Gottesliebe);
Div. = Sermones de Diversis (Predigten über verschiedene Themen);
Parab. = Parabolae (Gleichnisgeschichten).

9 Vgl. dazu ausführlich J. Leclercq, Monks and Love (Anm. 3), bes. 9–12. 103–104; ders., Monks on Marriage (Anm. 3), 74.

10 J. C. Moore, Love (Anm. 5), 8.

11 Andreae Capellani regii Francorum De amore libri tres, ed. E. Trojel, Kopenhagen 1892.

12 J. C. Moore (Anm. 5), 98; er sagt weiter, die Troubadoure hätten der zärtlichen, sinnenhaften, treuen sexuellen Liebe einerseits gegenüber der Askese der Mönche, andererseits gegenüber der brutalen Sinnlichkeit der Krieger ein für allemal zu ihrem Lebensrecht verholfen, 98–100.

13 M. Seidlmayer, Currents of Medieval Thought, with special reference to Germany, Philadelphia 1961, 82.

14 Zitat aus: Des Minnesangs Frühling I (37. Aufl.), Stuttgart 1982, 411.

15 Zit. v. Seidlmayer (Anm. 13). Zu Wolframs Wertschätzung der Ehe vgl. H. J. Weigand in: Wolfram's Parzival. Five Essays with an introduction. Ithaca u. London 1969: Courtly Love in Wolfram's Parzival 155–198, bes. 171–174, 186–198.

16 Angabe nach: V. Lowinski, Zum geistlichen Kunstliede in der altprovenzalischen Literatur; Zeitschrift f. französ. Sprache 20 (1898), 168; über Troubadoure, die Zisterziensermönche geworden sind: J. du Halgouët, Poètes oubliés, in: Collectanea OCR 20 (1958), 128–144, 227–242.

17 Zitiert in: B. Smythe, Trobador Poets. Selection from the Poems of Eight Trobadors, New York 1966.

[18] J. Leclercq, Monks and Love (Anm. 3), 38–40.

[19] Es wurde bis in unsere Tage gesungen: 4. Responsorium der Vigilien von Mariä Himmelfahrt; Antiphonarii Cisterciensis pars prima Vigilias Nocturnas... complectens (Handausgabe), Westmalle 1955, 361; vgl. auch die Hohelied-Antiphonen im Commune Festorum Beatae Mariae Virginis ebd. 101⁺–111⁺.

[20] »Es läßt sich zeigen, daß die tiefe und spontane Neigung zum Weiblichen und zur Frau bei Bernhard und anderen Mitgliedern der neuen Orden viel positiver war, als sie es bei den Vertretern des traditionellen Mönchtums gewesen war und weiterhin blieb« (J. Leclercq, Monks and Love [Anm. 3], 23).

»Viele Texte beweisen: die Mönchsautoren haben die Ehe als etwas Großes und Wunderbares betrachtet, denn sie verwendeten sie als Bild für die erhabensten Mysterien« (ders., Monks on Marriage [Anm. 4], 86).

[21] Horae Diurnae Festivae Antiphonarii Cisterciensis, Westmalle 1962, 1.

[22] Zitiert in: J. Bumke, Höfische Kultur Bd. 2, München 1986 (dtv 4442), 522 f.

[23] J. Ferrante, Woman as Image in Medieval Literature, New York 1975, 65–73.

[24] J. Leclercq, Monks and Love (Anm. 3), 108–121.

[25] J. Schnietering, Der Tristan Gottfrieds von Straßburg und die Bernhardische Mystik (Abhandlungen der Preussischen Akademie der Wissenschaften 25–1943, 84. Bernhard verwendet auch dieselben Mittel, Bilder, Themen und zuweilen sogar Ränkespiele, die wir in der weltlichen Liebesliteratur finden: Eifersucht, die geprüft wird, selbstlose Liebe, die nichts als die Liebe selbst sucht, und den Konflikt zwischen Ehre und Liebe. Auffallend oft berührt er letzteres Thema: wie sich beim großen Rangunterschied Gott–Mensch Ehre und Liebe miteinander vereinbaren ließen; eine Frage, die – im Rahmen der höfischen Gesellschaft – auch Chrétien von Troyes und seine Dichterkollegen mit Vorliebe aufwerfen. Vgl. J. M. Ferrante, The Conflict of Love and Honor: The Medieval Tristan Legend in France, Germany and Italy, Paris u. Den Haag 1973.

[26] Die Vorstellung dieser »reinen«, selbstlosen Liebe stammt übrigens aus Ciceros »De amicitia«, einem Werk, das von den Mönchen des 12. Jh.s viel gelesen wurde und das sie stark beeinflußt hat.

Reinhard Schwarz

»... mit Christus zusammengeschweißt«

Vom Einssein des Christen mit Christus bei Martin Luther

In der Geschichte der christlichen Mystik nimmt Luther eine eigene Stellung ein. Wir können in ihm kaum den Schüler anderer großer Mystiker wiedererkennen. Und doch hat er Anregungen von anderen großen Gestalten in der Geschichte der Mystik empfangen. Er hat selber auf Augustin, auf Bernhard von Clairvaux, auf Bonaventura, auf Johannes Tauler hingewiesen. Was wir Luthers Mystik nennen können, trägt trotzdem unverwechselbar ein eigenes Gepräge. Höchstens an einzelnen Punkten könnte man Verbindungslinien zu anderen Mystikern ziehen; darauf will ich verzichten. Ich will nur einigen Gedanken Luthers nachgehen mit der Hoffnung, daß wir einen Einblick bekommen in die geistlichen Erfahrungen, die wir als mystisch bezeichnen könnten. Ich kann mich auch nicht auf die Frage einlassen, wie sich in Luthers eigenem Leben seine mystischen Erfahrungen und Gedanken entwickelt haben. Weniger an den frühen Luther werde ich mich halten als vielmehr an den reifen Luther, der schon zu seiner eigenen Theologie gefunden hat und durch manche geistlichen Erfahrungen hindurchgeführt worden ist.

Wir wollen der Spur nachgehen, auf der Luther von jener geistlichen Erfahrung spricht, die wir mystische Erfahrung nennen können, obgleich er selber die Worte »mystisch« oder »mystische Theologie« in seiner Sprache vermeidet. Der Begriff »mystisch« war damals durch eine ganz bestimmte Tradition mystischer Theologie, der er selber nicht folgen konnte, besetzt. Es war die neuplatonische Mystik des Dionysius Areopagita. Heute setzen wir einen weiter gefaßten Begriff von Mystik voraus und können deshalb auch Luther in die Reihe der christlichen Mystiker einbeziehen. Ohne dieses ihm eigentümliche Element von Mystik wäre seine Theologie vielleicht nie zu ihrer ungeheuren Wirkung gekommen.

Was für Luther das Wesen der mystischen Erfahrung ausmacht, ist mit dem Thema angedeutet. Es greift Luthers eigenes mystisches Reden auf: »mit Christus zusammengeschweißt« sein, das meint ein Einswerden und Einssein des Christen mit Christus. Ehe wir uns den Weg zu dieser geistlichen Erfahrung zeigen lassen, wollen wir deren Zielpunkt ins Auge fassen.

In Jesus Christus Gottes Namen anrufen

Im Zentrum aller geistlichen Erfahrung steht bei Luther Jesus Christus, der gekreuzigte Heiland. In ihm, ausschließlich in ihm, begegnet uns Gottes Liebe, erfahren wir Gottes rettenden Willen mit Gewißheit. Es ist für die christliche Mystik nicht selbstverständlich, daß Jesus Christus in den Mittelpunkt geistlichen Suchens und Erfahrens tritt. Luther will sich jedoch unbeirrbar an Jesus Christus orientieren und auf ihn konzentrieren. In Jesus Christus, dem Gekreuzigten, hat sich Gott uns in einzigartiger Weise offenbart, damit wir Gott bei seinem wahren, vollgültigen Namen anrufen können. Wir können nur mit betendem, glaubendem Herzen den Weg zu Gottes Namen finden. Von der Anrufung des göttlichen Namens, die im Herzen und wirklich von Herzen geschieht, meint Luther, sie zeige, daß das Herz und der Name des Herrn zugleich eins seien und miteinander zusammenhingen.[1] Der Weg der spekulativen Annäherung ist damit ausgeschlossen; er führt nicht zu jenem Einssein mit dem göttlichen Namen, wie es dem Herzen durch das Anrufen des Namens des Herrn zuteil wird. Wie bietet sich Gottes Name uns in Jesus Christus an, um von

uns angerufen zu werden? Luther antwortet, der Name des Herrn laute: Barmherzigkeit, Wahrheit, Gerechtigkeit, Stärke, Weisheit.[2]
Diese Gottesnamen hat der Zöllner in der Erzählung Jesu Lk 18,13 angerufen, als er sagte: »Gott, sei mir Sünder gnädig«, und er hat sich selber dabei mit dem Namen genannt, der für alle Menschen zutrifft: Sünder. Es mag uns wundern, wie Luther den Gottesnamen entfaltet, den wir durch Jesus Christus anrufen lernen. Es ist jedoch charakteristisch für ihn, daß er weniger Wert darauf legt, den Jahwe- oder den Jesus-Namen zu meditieren. Indem sich Gott von uns bei seiner Barmherzigkeit, Wahrheit, Weisheit, Gerechtigkeit und Stärke zu unserer Rettung anrufen läßt, begegnet er uns am unmittelbarsten. Dabei können wir nicht verschweigen, was in unserem Leben in der Begegnung mit diesem Namen Gottes offenbar wird: Bosheit, Lüge, Eitelkeit, Torheit.[3] Keiner kann diese Namen abschütteln; denn die Bibel sagt mit Recht (Ps 116,11 = Röm 3,4): »Alle Menschen sind Lügner«, keiner will die Wahrheit über sich uneingeschränkt gelten lassen. Weil Gottes Name mit seiner Wahrheit, Reinheit und Heiligkeit das Herz des Zöllners angerührt hatte, konnte er in Wahrheit Gottes Namen anrufen.[4] Darum empfiehlt uns Luther[5]: »Sieh zu, daß du den Namen des Herrn hörest und sein gedenkest, nämlich daß Gott gerecht, gut, heilig ist. Dann hänge dich sogleich an ihn und glaube fest, daß er so zu dir sei [wie dieser Name sagt]; dann bist du auch schon ebenso, bist ihm gleich. Den Namen des Herrn wirst du aber nirgends leuchtender erblicken als in Christus. Da wirst du sehen, wie gut Gott ist, wie freundlich, wie treu, wie gerecht und wahrhaftig – hat er doch seines eigenen Sohnes nicht verschont (Röm 8,32). Hier wird er dich durch Christus zu sich ziehen (Joh 6,44)«. Wird der Name Gottes so geehrt und angerufen, wie er sich uns in Jesus Christus offenbart, so gibt er dem Herzen teil an seinen eigenen Auszeichnungen. Dem Zöllner ist Gottes Gerechtigkeit zuteil geworden. Das hört Luther aus den

Worten Jesu heraus: »Er ging gerechtfertigt von dannen.«[6] In der Mystik gibt es vielerlei Nachdenken über Gottes Namen. Liegt nicht das Geheimnis Gottes in seinem Namen? Können wir Gott anders als in seinem Namen erkennen? Gottes Wesen ist unaussprechlich; so verborgen ist es uns, daß wir es nicht in Worte fassen können. Doch bei seinem Namen will Gott von uns angerufen, geehrt, erkannt werden. Luther betrachtet seine Ausführungen über den Namen, unter dem Gott von uns angerufen werden möchte, als ein Gegenstück zu jener Mystik, die als Kabbala bezeichnet wird und damals manchen Gebildeten faszinierte.[7] Die Kabbala wollte das Geheimnis des Gottesnamens ergründen, indem sie den alttestamentlichen Jahwe-Namen oder in der christlichen Kabbala den Jesus-Namen in seine Buchstaben zerlegte. In den Buchstaben, so meinte man, verberge sich Geheimnisvolles. Denn jeder Buchstabe hat im Hebräischen wie im Griechischen einen Zahlenwert. Auf diese Weise liefern die Namen Zahlen oder Zahlenkombinationen, in denen wieder Geheimnisvolles angedeutet zu sein scheint. Ein ganzes System von geheimnisvollen Zahlen und Worten entsteht. Luther schlägt einen anderen Weg ein, wenn er über Gottes Namen nachdenkt. Er hält sich an die Gaben und Güter, die Gott denen zuwenden will, die ihn von Herzen anrufen. Dafür stehen die Namen, unter denen uns Gott in Jesus Christus begegnet.

In Jesus Christus Gottes Heil für uns empfangen

Luther stützt sich gerne auf Paulus (1 Kor 1,30): »Jesus Christus ist uns gemacht von Gott zur Weisheit und zur Gerechtigkeit und zur Heiligung und zur Erlösung.« Hier faßt Paulus in einem Satz zusammen, was Gott uns in Jesus Christus gegeben hat.

Jesus Christus ist deshalb für Luther zuallererst Gottes Gabe an uns, weitaus mehr als Lehrer oder Vorbild. In diesem Sinne spricht Luther vom Evangelium[8]: »Das Hauptstück und Grund des Evangeliums ist, daß du Christum, ehe du ihn zum Exempel faßt, zuvor aufnimmst und erkennst als eine Gabe und Geschenk, das dir von Gott gegeben und dein eigen sei, so daß, wenn du ihm zusiehst oder hörst, daß er etwas tut oder leidet, daß du nicht zweifelst, er selber, Christus, sei mit solchem Tun und Leiden dein, darauf du dich nicht weniger mögest verlassen, denn als hättest du es getan, ja als wärest du derselbe Christus.« Nur so wird die Botschaft von Jesus richtig verstanden und weitergegeben, wenn sie ihn als Gottes Gabe in unser Leben hineinstellt. Erst dann erfahren wir den Reichtum des Evangeliums. Das findet Luther auch in dem Jesaja-Wort (9,6) »Ein Kind ist uns geboren, ein Sohn ist uns gegeben«. Luther unterstreicht mit dem Dativ »uns« das Wort »gegeben«; denn »ist er uns gegeben, so muß er unser sein, so müssen wir uns auch seiner annehmen als des unseren«.[9] Nehmen wir ihn an als Gottes Gabe für uns, dann ist er der Unsrige, und wir sind die Seinen, denen alles zugute kommt, was uns Gott mit ihm schenken will. Das macht den Christen eigentlich zum Christen: »Siehe, wenn du so Christum faßt als eine Gabe dir zu eigen gegeben und zweifelst nicht daran, so bist du ein Christ. Der Glaube erlöst dich von Sünden, Tod und Hölle, macht, daß du alle Dinge überwindest.«[10] Das Evangelium sagt uns, daß mit dem Kreuzestod Jesu und seiner Auferweckung alles zerbrochen ist, was uns von Gott trennt: Sünde, Tod, ewige Verdammnis. Der Glaube übersetzt das in unser Leben, da es doch Gottes Gabe für uns sein will. Dann ist die Sünde, die unser Gewissen belastet, vergeben; an ihre Stelle setzt Gott seine Gerechtigkeit. Der Tod, der unser Herz ängstigt, verliert seinen Schrecken, weil Gott ihn mit seiner lebendigmachenden Liebe durchbricht. Von dem Fluch unserer Gottlosigkeit rettet uns Gottes Ja zu uns Sündern. Wenn das Evangelium Christus als die Gabe Gottes in unser Leben hineinbringt, ist der Hauptsinn des Evangeliums erfüllt. Der Christ wird dadurch nach

Luthers Meinung wirklich zum »Christen«, er empfängt das Heil, das im Christus-Namen enthalten ist. Er hat teil an den Titeln der Vollkommenheit wie Gerechtigkeit, Wahrheit, Heiligkeit, so daß er selber unbesorgt um eigene Vollkommenheit Gottes Willen beherzigen kann. Jesus wird dann auch zum Beispiel der Liebe. Wer da fragt, wie denn Jesus das Beispiel der Liebe gebe, dem antwortet Luther mit der Erinnerung an das, was der Glaube in Christus empfangen hat: Die Liebe folgt daraus, »wie du siehst, daß er sich dir ergeben hat«[11], hat doch Jesus selber sich in seinem Leben aller Vollkommenheit entäußert. Dem Beispiel Jesu in Nächstenliebe nachzufolgen, geschieht mit Selbstverständlichkeit, wenn uns vorher aufgegangen ist, mit welcher Gabe uns Gott in Jesus beschenkt. Wenn sich die Christen zu dem Jesus des Evangeliums bekennen und ihm den Hoheitstitel »Christus« und »Gottes Sohn« zuerkennen, dann bekennen sie sich zu der Heilsgabe Gottes in Jesus. Das ist das eigentliche Geheimnis Jesu.

Das griechische Wort für Geheimnis ist »mysterion«; es wurde im Lateinischen mit »sacramentum« wiedergegeben. Luther hat richtig gesehen, daß im ursprünglichen Sinn des Wortes »mysterion« oder »sacramentum« das Neue Testament nur *ein* Geheimnis kenne, und zwar jenen Schatz, den Gott in seiner Weisheit in Jesus Christus, dem Gekreuzigten, als Gabe an uns verborgen hat. Allerdings scheint der Gekreuzigte nach menschlichem Urteil kein Herr des Heils zu sein; sein Kreuz erregt Widerspruch. Aber das Evangelium verkündigt ihn, den Gekreuzigten, als Gottes Weisheit und Gerechtigkeit und setzt ihn der Torheit und Sünde der Menschen entgegen. Dieses Geheimnis wird uns nur durch das Evangelium mitgeteilt. Durch die Botschaft des Evangeliums erfahren wir von dem, was Gott für uns unter Kreuz und Torheit verborgen hält. Der Glaube erfaßt dieses Geheimnis. Luther formuliert das in dem Satz: »Sakrament oder Geheimnis und verborgenes Gut ist die Sache, die mit Worten mitgeteilt und mit dem Glauben des

Herzens erfaßt wird.«[12] »... mit dem Glauben des Herzens erfaßt«, diese Worte wollen wir aufgreifen.

Die Bewegung des Herzens im Einswerden

Der Glaube des Herzens ist es, der den Christen mit Christus eins werden läßt. Christus ist für Luther ein leibhaftiger Mensch, so wesenhaft, daß er gesteht, er habe immer gleich jenen gekreuzigten Menschen vor Augen, wenn er den Namen Jesu höre. Dieser Gekreuzigte begegnet ihm jedoch nie getrennt von der Botschaft, die ihm Gottes Heil im Gekreuzigten mitteilt. Unter dem »Evangelium« versteht er auch mehr als den Inhalt der einzelnen Evangelien des Neuen Testamentes. Evangelium ist ihm die Hauptsumme des ganzen Neuen Testamentes, die Botschaft, daß in Jesus alle Verheißungen Gottes in Erfüllung gehen. Und im Glauben zur Erfüllung kommen. Das Evangelium weckt den Glauben des Herzens und zieht ihn zu Jesus Christus hin. Wie wir mit »Herz« unsere inneren Bewegungen bezeichnen, so redet Luther vom Glauben wie von einer inneren Bewegung, die uns zu Jesus Christus, dem Inhalt des Evangeliums, hinführt. Das Herz, das in sich bedrückt, angefochten, geängstigt ist, wird zu Christus hingezogen, weil es in ihm Halt, Freiheit, Gerechtigkeit findet. Das Herz wird in Christus von Gottes Namen angezogen; denn Gottes Name hat hier seinen vollen guten Klang erhalten.[13]
Nuancen sowohl heftiger als auch sanfter Bewegungen des Herzens drückt Luther in der Wahl seiner Verben aus: Der Glaube springt hinüber zu Christus, besteht doch nach Luthers Worten in dem Hinüberspringen von der eigenen Sünde zur Gerechtigkeit Christi die Kunst des Christen.[14]
Noch heftiger ist es ein Hingerissenwerden: Der Glaube läßt den Menschen nicht bei sich selbst stehen und nicht bei dem, was er schon im Glauben empfangen hat; von Tag zu Tag will er noch mehr dorthin versetzt werden, wo er

sich selbst mit allem, was er ist und hat, von Gott empfängt. Wir empfangen nicht nur durch Christus und von Christus unser Heil, wir empfangen es auf ihn hin und werden zu ihm hin verwandelt, denn unsere eigene Zukunft hält Gott in ihm verborgen.[15] Das erst heißt glauben: sich auf alle Zukunft hin zu dem Christus des Evangeliums flüchten, wie sich die Küken unter die Flügel der Henne flüchten. Jesus bietet sich selbst uns so an; er wolle uns bei sich sammeln, wie eine Henne ihre Küken unter ihre Flügel sammelt (Mt 23,37). Auch Paulus predigt nach Luthers Meinung den Glauben als eine Bewegung, die immer wieder zu Christus hinführt, weil alle Versöhnung auf ihn hin geschieht.[16]

Mit anderen Wendungen spricht Luther aus, wie fest sich der Glaube an Christus hält, um in ihm Lebenshalt zu haben. Dem Menschen, dessen Gewissen beunruhigt ist, rät Luther, es so zu machen, wie er es von seinem eigenen Glauben weiß: »Ich kriech aus dem Feld der Sünde zu Christus hin und hänge mich Christus an den Hals und kriech in die Taufe.«[17] Die Christen können nach seinen Worten sprechen: »Wir sind ... auf dem Platz, da man nicht fragt, was ich tun und lassen soll, sondern wie man einen gnädigen Gott und Vergebung der Sünde kriegt und den Artikel von Christo lernen soll. Da will ich bleiben dem Herrn Christo in seinen Armen und mich an seinen Hals hängen und in seine Taufe kriechen, ... mein Herz fühle, was es wolle.«[18]

Christus stiftet das Einssein mit ihm

In einem seiner schönsten Lieder, dem Lied »Nun freut euch, lieben Christen g'mein«, schildert Luther nach der aufmunternden Eingangsstrophe erst die Not des Menschen, den das Bewußtsein seiner Sünde quält und entweder in die Selbstrechtfertigung oder in die Verzweiflung treibt. Dann redet Luther von Gottes Erbarmen: »Er sprach zu seinem lieben Sohn: Die Zeit ist hie zu erbarmen, fahr hin, mein's Herzens werte Kron und sei das Heil dem Armen, und hilf ihm aus der Sünden Not, erwürg für ihn den bittern Tod und laß ihn mit dir leben.« Und dann redet Gottes Sohn als unser Bruder zu uns: »Halt dich an mich, es soll dir jetzt gelingen; ich geb mich selber ganz für dich, da will ich für dich ringen; denn ich bin dein, und du bist mein, und wo ich bleib, da sollst du sein, uns soll der Feind nicht scheiden.« Das ganze Evangelium bekommen wir hier aus dem Munde Jesu zu hören. Was liegt doch an herzlicher Zuwendung in diesen Worten! Erst: »Halt dich an mich, es soll dir jetzt gelingen«; und dann »denn ich bin dein, und du bist mein«! Diese beiden Sätze können uns noch weiter aufschlüsseln, wie Christus den Menschen zu sich hinzieht und wie der Glaube den Menschen mit Christus eins werden läßt.

Im Glauben folgt das Herz dem einladenden und lockenden Wort des Evangeliums. Es verspricht dem Menschen festen Widerstand gegenüber den schwersten Anfechtungen, die der Mensch in seinem Herzen zu spüren bekommt, wenn das Gesetz Anklagen gegen den Menschen erhebt, die ihn in den Abgrund des Schuldbewußtseins stürzen. Das sind Anfechtungen, die das Herz schrecklich zappeln lassen; es meint, in die Hölle zu sinken. Doch Christus spricht zu ihm: »Halt dich an mich.« Dasselbe meint Luther, wenn er, wie an der vorhin zitierten Stelle, sagt, der Glaube hänge sich Christus an den Hals und krieche in die Taufe, oder an anderer Stelle, der Christ sei durch die Taufe in Christus eingepflanzt.[19] Das lateinische Wort transplantatus, das Luther hier gebraucht, deutet wieder an, daß der Christ aus sich herausgehoben wird, um den Grund und Halt seines Lebens außerhalb seiner selbst zu finden. Er wird dort eingewurzelt, wo die verborgenen Kräfte des Lebens zu finden sind. Anders gewendet: Er wird aufgepfropft auf den Weinstock, mit dem sich Christus im Evangelium selber vergleicht. So macht uns Luther den Sinn unserer Taufe deutlich[20]: »Wenn ich getauft werde oder durchs Evangelium bekehrt, so ist der Heilige Geist da und nimmt mich wie einen Ton und macht aus mir eine neue Kreatur, die jetzt anderen Sinn, Herz und Gedanken kriegt, nämlich recht Erkenntnis Gottes und recht herzlich Vertrauen seiner Gnade, Summa: Grund und Boden meines Herzens wird erneuert und geändert, daß ich gar ein neu Gewächs werde, gepflanzt in den Weinstock Christum und aus ihm gewachsen. Denn meine Heiligkeit, Gerechtigkeit und Reinheit kommt nicht aus mir, steht auch nicht auf mir, sondern ist allein aus und in Christo, welchem ich eingewurzelt bin durch den Glauben, gleich wie der Saft aus dem Stock sich in die Reben zieht; und bin nun ihm gleich und seiner Art, so daß beide, er und ich, einerlei Natur und Wesens sind, und ich durch ihn Früchte trage, die nicht meine, sondern des Weinstocks sind. So wird aus Christo und den Christen ein Kuchen und ein Leib. Er kann rechte Früchte bringen, nicht Adams oder seine eigenen, sondern Christi.«

Die Meinung, daß der Christ durch den Glauben sich selbst entfremdet werde, ist unbegründet. In Christus findet der Christ zwar den Grund seines Lebens außerhalb seiner selbst. Aber der Glaube bringt zugleich Kräfte des ursprünglichen Lebens in den Menschen. Tritt der Christ einerseits im Glauben aus sich heraus, so wird andererseits durch den Glauben Christus im Herzen gegenwärtig. Anschaulich schildert Luther dem Predigthörer, wie Christus zu ihm kommt[21]: »Siehst du, ... daß man dir Christum nicht gibt in die Hand, ... gibt ihn dir nicht ins Maul, sondern man trägt ihn dir vor allein mit dem Wort und Evangelium und hält ihn durch deine Ohren dir vor dein Herz und bietet ihn dir an als den, der für dich, für deine Ungerechtigkeit ... sich hingegeben hat; darum kannst du ihn auch mit nichts anderem denn mit dem Herzen aufnehmen; das tust du, wenn du ... sprichst mit dem Herzen: Ja, ich glaube, es sei so. Siehe, so geht er durchs Evangelium zu den Ohren ein in dein Herz und wohnt da durch den Glauben. Da bist du dann rein und gerecht, nicht durch dein Tun, sondern durch den Geist, den du im Herzen durch den Glauben empfangen hast ... Wenn nun solch Glaube in dir ist und ... du nun Christum hast im Herzen, ... da bringt er mit sich sein Leben, Geist und alles, was er ist, hat und vermag ... Wenn das [Evangelium] kommt, so bringt es Christum, Christus bringt mit sich seinen Geist; da wird der Mensch neu und göttlich ... Er geht auch nicht müßig; denn der Glaube ruht und feiert nicht.«

Was sich zwischen Christus und dem Christen ereignet, vergleicht Luther mit einem Tausch, einem Wechsel. Ein höchst ungleicher Tausch ereignet sich zwischen Christus mit seinem Heil und dem Menschen in seinem Unheil. Möglich ist dieser Tausch nur, weil sich Christus in grundloser Liebe dem Menschen zuwendet, und weil der Christ durch den Glauben mit Christus aufs engste verbunden wird. Gerne zitiert Luther in diesem Zusammenhang den Satz des Paulus (Gal 2,20): »Ich lebe, doch nun nicht ich, sondern Christus lebt in mir.« Aus einer Auslegung dieses Paulus-Wortes[22] stammt auch das Luther-Zitat im Titel dieses Beitrages; es ist aus dem Lateinischen übersetzt. Das lateinische Wort, das Luther hier und öfter in unserem Gedankenkreis verwendet, bezeichnet ein engstes Zusammenfügen, ganz wörtlich ein Zusammenleimen oder Zusammenkleben oder, etwas freier übersetzt, ein Zusammenschweißen. In der Auslegung des angeführten Paulus-Wortes kann Luther besonders eindrücklich zeigen, wie das Einssein des Christen mit Christus zur Wirkung kommt. Im Blick auf sich selber muß der Christ gestehen, daß er Sünder ist, vom Gesetz angeklagt, so daß er mit seinem Leben nicht vor Gott bestehen kann; so ist er unter der Gewalt des Todes, der ihn von Gott trennen will. Tot wäre auch ein Glaube, der nicht aus sich heraustråte, sondern in Christus nur eine Figur der Vergangenheit sähe. Doch der Glaube des Evangeliums macht aus Christus und dem Christen eins. So kommt es zu dem Tausch: Christus nimmt die

Sünde auf sich und gibt seine Gerechtigkeit; er stellt sich in unseren Tod und läßt uns an seinem Leben teilhaben; unsere Ohnmacht gegenüber der Anklage des Gesetzes hebt er auf und macht durch seine Gnade die Schwachen stark. In direkter Anrede sagt Luther seinen Hörern: »Der Glaube macht aus dir und Christus gewissermaßen eine Person, so daß du von Christus nicht getrennt werden kannst, vielmehr an ihm hangen bleibst.«[23] Eine Person sind beide, nicht in der Aufhebung unserer Identität, sondern weil Christus dazwischentritt, wenn die Sünde den Menschen anklagen will. In der Situation der Anfechtung durch die Schuld spreche Christus: »Ich bin jener Sünder«, und der Glaube lasse den Christen dann sagen: »Ich bin Christus«.[24] So fest kann sich der Glaube auf Christus berufen. Indem der Glaube ein Einssein mit Christus stiftet, bleibt doch ein Gegenüber zwischen dem Menschen und Christus gewahrt. Sie verschwimmen nicht im Einerlei. Auch Luthers Bild, Christus und der Christ würden *ein* Kuchen, darf nicht so mißverstanden werden, als handle es sich um ein ununterscheidbares Einssein. Vor diesem Mißverständnis bewahrt uns Luther, wenn er den Tausch zwischen Christus und dem Christen beschreibt. Der Christ weiß sich, wenn er auf sich selber blickt, von Christus scharf unterschieden; er weiß von seiner eigenen Sünde. Ihretwegen klammert sich sein Glaube an Christus, weil seine eigene Sünde gegen ihn steht und ihn hindert, sich frei Gott zum Gehorsam hinzugeben. Aber im Tausch mit Christus läßt ihn dessen Gerechtigkeit in ein neues Leben eintreten, ohne die innere Nötigung, erst noch die Sünde wettzumachen. Er kann nach dem Willen Gottes leben.

Anmerkungen

[1] WA 2, 490, 21 ff: ... per verbum Christi, quo praedicatur nomen domini, sicut dicit [Ps 22/23, 23] »narrabo nomen tuum« ... hoc est quod Christus nobis meruit, scil. praedicari nomen domini, i. e. misericordiam, veritatem Dei. Ebd. 490, 17 ff: Invocatio autem nominis divini, si est in corde et ex corde vere facta, ostendit, quod cor et nomen domini sint unum simul et sibi cohaerentia ... Cohaerent autem cor et nomen domini per fidem.

[2] WA 2, 490, 13 ff: Nomen autem Dei est misericordia, veritas, iustitia, virtus, sapientia, suique nominis accusatio.

[3] WA 2, 490, 15 f: Est autem nomen nostrum peccatum, mendacium, vanitas, stulticia, iuxta illud: Omnis homo mendax, vanitas omnis homo vivens etc.

[4] WA 2, 490, 23 ff: Sicut ergo nomen domini est purum, sanctum, iustum, verax, bonum etc., ita si tangat tangaturque corde (quod fit per fidem), omnino facit cor simile sibi.

[5] WA 2, 490, 38 ff: Sed vide, ut nomen domini vel audias vel recorderis, hoc est, quod Deus est iustus, bonus, sanctus, et mox huic adhaere, firmiter credens, eum esse tibi talem, et simul tu iam talis es, similis eius. Verum nomen domini nusquam clarius videbis quam in Christo: ibi videbis, quam bonus, suavis, fidelis, iustus, verax sit Deus, ut qui proprio filio suo non pepercerit. Hic te per Christum trahet ad seipsum.

[6] WA 2, 490, 19 f, 23 ff; 491, 14 f.

[7] WA 2, 491, 7 ff: Haec est vera cabala nominis domini, non tetragrammati, de quo Iudei superstitiosissime fabulantur.

[8] WA 10, I 1, 11, 12 ff.

[9] WA 10, I 1, 12, 4 ff; vgl. WA 2, 145, 28 ff.

[10] WA 10, I 1, 12, 7 ff.

[11] WA 10, I 1, 12, 14 f; vgl. WA 2, 147, 32 ff.

[12] WA 6, 552, 5 f: Sacramentum mysterium secretaque res est, quae verbis indicatur, sed fide cordis capitur.

[13] WA 2, 491, 3 f.

[14] WA TR 2, 468, 20 f: haec est ars Christianorum, a meo peccato transilire ad Christi iustitiam.

[15] WA 8, 111, 33 ff: ... in illum nos rapi de die in diem magis voluit, non in acceptis consistere, sed in Christum plane transformari ... ut non tantum per illum aut ab illo sit iustitia, sed etiam in illum, ut nos in ipsum referat et transformet et velut in absconsum ponat, donec transeat ira.

[16] WA 8, 112, 2 ff (mit Bezug auf Röm 5, 1 f): fides, quae se sub alas Christi recondat et in illius iustitia glorietur ... ut eam sub alas Christi proiiciat ... ea demum fides est, quae te pullastrum, Christum gallinam facit, ut sub pennis eius speres ... fidem esse scias, si ei adhaeseris, de ipso praesumpseris, quod tibi sanctus iustusque sit. Ecce haec fides est donum Dei.

[17] WA 36, 285, 1 f.

[18] WA 36, 284, 31 ff.

[19] WA 8, 618, 30 ff: Christianus ascendit [in coelum] operibus alienis, nempe Christi, in quem baptisandus et transplantatus vivit iam non ipse, sed Christus in ipso, sanctificans ei sabbatum plenissime ab operibus suis omnibus.

[20] WA 45, 667, 20 ff.

[21] WA 10 I 1, 48, 9 ff; vgl. WA 2, 458, 23 ff; 502, 12 ff und 146, 26 ff.

[22] WA 40 I, 284 f.

[23] WA 40 I, 285, 5 f.

[24] WA 40 I, 285, 6 f.

Elisabeth Münzebrock (Andreas Batlogg)*

»Die Beschauung ist Sache des Herzens«

Stufen der Annäherung an Gott bei Teresa von Avila

»Dios me libre de gente tan espiritual que todo lo quieren hacer contemplación perfecta«.[1] – »Gott verschone mich vor so übergeistlichen Menschen, die aus allem eine vollkommene Beschauung machen wollen«, schreibt Teresa de Jesús im Januar 1577 an den Bischof von Avila, Don Alvaro de Mendoza, im sogenannten »Vejamen«, einer Stellungnahme[2] zur Interpretation ihres Gedichtes »Búscate en Mí« durch vier Priester. Der hier spürbare Anflug von Ironie und liebevoll gemeinter (auf Johannes vom Kreuz gemünzter) Kritik ist für Teresa, die erhabene Autorin der »Moradas« (»Seelenburg«) und des »Camino de perfección« (»Weg der Vollkommenheit«), bezeichnend. Er gewährt Einblick in die menschlich so anziehende Seite ihres Wesens: ihren gesunden Realismus und Humor.

Daß diese Frau – von der es hieß, »sie habe jedem, der ihr begegnete, den Kopf verdreht«[3] – eine Heilige, eine Mystikerin und Kirchenlehrerin sein soll, mag verwundern. Ab 1563 nannte sie sich selbst Teresa de Jesús. Ihr Name war gleichsam ihr christozentrisches Programm, mit dem sie darauf hinwies, auf wen allein sie sich – ihr Leben und ihr Werk – bezogen haben wollte. Fray Luis de León berichtet von ihr im Vorwort zur Erstausgabe ihrer Werke (1588), »daß sie die Herzen aller gewann, die ihr begegneten ... Sie zog ganz einfach die Menschen hinter sich her, selbst gegen die Schwachheit der sich sträubenden Natur«.[4] Und in unserem Jahrhundert wurde vermerkt, nahe Verwandte hätten Luis de León bestätigt, »daß das Weltkind und der Heilige, der Mann der Gesellschaft und der Asket, die Ältesten wie die Jüngsten von ihr gefangengenommen, bezaubert wurden«.[5] Diese Faszination sollte 400 Jahre nach ihrem Tod bis hinein ins 20. Jahrhundert wirksam bleiben. Die 1970 erfolgte Erhebung in den Stand der Kirchenlehrerin war dann auch mehr als eine noble Geste: Nach immerhin 32 »Doctores Ecclesiae« wurden zum ersten Mal in der Geschichte der Kirche zwei Frauen, Teresa von Avila und (eine Woche später) Catarina von Siena, für alle folgenden Generationen von Gläubigen als Wegweiser aufgestellt.

1. *Die Frau Teresa*

Wer war diese Teresa? Wie sieht ihr äußerer und ihr innerer Weg mit seiner stufenden Annäherung an Gott aus? Was sind die Grundlinien ihres Suchens? Welche Elemente ihrer Gotteserfahrung und ihres Da-Seins im Spanien des Siglo de Oro, des (gar nicht so) »goldenen Jahrhunderts«, können uns heutigen Weltbürgern noch Interesse entlocken oder gar zur Beschauung führen?

Annäherung an Gott

Teresa Sánchez de Cepeda y Ahumada wird am 28. März 1515 als sechstes von zwölf Kindern in Avila (Kastilien) geboren. 1516 geht die Herrschaft von Ferdinand und Isabella, den Katholischen Königen, zu Ende. Unter ihrer Regentschaft hatte das unerbittliche Auge der »Heiligen Inquisition« über die Reinhaltung des katholischen Glaubens gewacht. Teresas Kindheit ist geprägt von Frömmigkeit und Entschlossenheit, den Himmel zu erringen, und zwar – wie sie selbst andeutet – um jeden Preis (Vida 1,5). Ihre Mutter Doña Beatriz de Ahumada entstammt altkastilischem Adel. Die Abstammung väterlicherseits – ihr Großvater Juan Sánchez de Toledo hatte erst 1485 konvertiert – reiht Teresa in die Zahl der sogenannten Conversos ein, der bekehrten Ju-

den, denen ein »gewisser Hang zur Innerlichkeit und Weltverachtung«[6] nachgesagt wird.
Diese weltabgewandte Haltung Teresas ändert sich schlagartig, als sie 12- oder 13jährig die Mutter verliert. Fortan auf Schönheit sowie auf weltliche Vergnügen und allerlei Zeitvertreib bedacht, sieht sich ihr Vater Don Alonso Sánchez de Cepeda veranlaßt, sie mit 16 Jahren in das von Augustinerinnen geführte Internat Santa Maria de Gracia zu stekken. Durch ihr gewinnendes Wesen erobert sie dort in Windeseile die Herzen. Ihre bislang ausgeprägte Abneigung gegen den Ordensstand mildert sich ganz allmählich.
Am 2. November 1535 tritt Teresa in den Karmelitinnenkonvent von der Menschwerdung (Encarnación) in Avila ein. Der Wechsel der Lebensform und vor allem schwere innere Kämpfe werfen Teresa auf das Krankenlager, so daß ihr Vater bei einer Quacksalberin in Becedas, einer curandera, Rat holt. Auf dem Weg dorthin machen sie Station beim Bruder des Vaters, Don Pedro Sánchez de Cepeda. Hier fällt Teresa jenes Buch in die Hände, das für ihr mystisches Erleben von ungeheurer Bedeutung werden sollte: das »Tercer Abecedario Espiritual« (»Drittes geistliches Abc«) des Franziskanerpaters Francisco de Osuna, eine Einführung in das sogenannte innere Gebet. In Teresa beginnt sich eine Wandlung abzuzeichnen. »Seine Majestät« – so nennt sie Gott – »begann mir viele Gnaden zu erweisen ... Ich versuchte, so gut ich konnte, Jesus Christus immer in mir gegenwärtig zu halten. Dies war meine Art und Weise zu beten«, schreibt sie in ihrer mit »Vida« (»Leben«) betitelten Autobiographie (4, 7. 8). Das Leben, die Menschheit Christi, seine Passion und sein Tod werden von nun an Gegenstand ihrer Reflexionen und ihres liebenden Versenkens.
Im April 1539 hatte sich Teresa den Heilungsversuchen der curandera unterzogen, im Juli desselben Jahres kehrt sie körperlich ruiniert und dem Tod nahe in die Encarnación zurück. Etwa drei Jahre lang bleibt sie gelähmt, unfähig, auch nur die geringsten Bewegungen auszuführen.

Nach der Wiederherstellung ihrer Gesundheit unterhält sie, den Gewohnheiten des Klosters gemäß, sehr regen Kontakt zur Außenwelt. Ihr bezauberndes Naturell und ihr feuriges Herz ziehen die Besucher auch noch am Sprechgitter an. »Fast 28 Jahre«, bekennt sie selbst, »war es ein ständiges Fallen und Wiederaufstehen. Es war ein schlechtes Aufstehen, weil ich auch immer wieder fiel. Denn weder erfreute ich mich Gottes, noch fand ich in diesen Kontakten zur Welt meine innere Ruhe« (Vida 8,3).

Da geschieht 1554 das Unerwartete: Vor einem Bild Christi, das diesen als Schmerzensmann zeigt, wird Teresa angerührt, aufgewühlt, bis sie – in Tränen aufgelöst – sich vor ihm niederwirft und gelobt, von nun an nur noch Ihm zu leben. Dieses Erlebnis einer Konversion wird zum Beginn eines neuen Weges radikaler Selbstaufgabe, der zu ungeahnten Höhen mystischer Vereinigung führen sollte. Immer wieder von neuem ist Gott selbst derjenige, der die Initiative ergreift. Teresas Ant-Wort ist sie selbst: die Hingabe ihrer Kräfte, ihrer Zeit und vor allem ihres liebebedürftigen Herzens. Denn Beten ist gemäß ihrer eigenen Aussage »nichts anderes als ein Gespräch mit einem Freund, mit dem wir oft und gern allein zusammenkommen, um mit ihm zu reden, weil wir sicher sind, daß er uns liebt« (Vida 8,5).

Aus dieser neuen Erfahrung wird Teresa de Ahumada zur Teresa de Jesús, ganz die Seine. Fortan ist es nur konsequent, wenn sie auch nach Wegen und Mitteln sucht, diese ihre innere Erfahrung anderen, zunächst ihren Mitschwestern, mitzuteilen. Dies ist der eigentliche Antrieb ihrer Reformpläne, die sie trotz aller Widerstände und Strapazen mit der Gründung von 17 Reformklöstern (beginnend 1562) verwirklicht. Immer aber und besonders auf dem Höhepunkt ihrer rastlosen Gründungstätigkeit wird Teresas Leben von jener »unaussprechlich« zu nennenden Erfahrung einer innigen, intimen Freundschaft mit Gott bestimmt, den sie in ihrem Innern, aber auch im Umgang mit der Welt erfährt. Sie erlebt so die Nähe seiner Menschheit in wachsendem Vertrautsein. Es geht Teresa dabei wie allen Mystikern: Sie ringt um den Ausdruck des Unerhörten, das ihr widerfährt. Auf Geheiß und im Gehorsam zu ihren Beichtvätern läßt sie uns in Wort und Schrift an jener Erfahrung teilhaben. Es entstehen Werke, die zum Schönsten der spanischen Literatur zählen und uns heute in vielfachen Ausgaben und in viele Sprachen übersetzt zugänglich sind.

Stufen zu Gott

Diese Blitzlichter auf Teresas äußeren Lebensweg – ihre Lebensringe – lassen bereits anfanghaft die Bipolarität ihrer Suche erkennen. Diese ist sozusagen die menschliche Grundlage ihres beschaulichen Daseins. Das Ausreißmanöver der Achtjährigen (vgl. Vida 1,5), die sich ins Land der Moros, der Mauren, begeben will (sie stiftet dazu ihren Lieblingsbruder Rodrigo an), auf daß ihnen dort aus Liebe zu Gott die Köpfe abgeschlagen würden, zeigt schon eine »determinada determinación« (Cam. de perf. 35,2), eine felsenfeste Entschlossenheit. Bald darauf sucht sie die Ehre, will gefallen, will lieben und geliebt werden. Vor allem aber und immer wieder sucht sie Ehre.
In ihrer »Vida« berichtet sie vom schlechten Umgang mit einer gleichaltrigen Verwandten und sagt: »Bis dahin hatte ich meines Erachtens durch keine Todsünde Gott verlassen, noch die Furcht vor ihm verloren, mehr jedoch war ich für meine Ehre besorgt, und diese Ehre bewirkte, daß ich sie nicht ganz verlor. Ja, ich hielt so viel auf meine Ehre, daß ich glaube ..., es wäre nie die Liebe einer Person in der Welt imstande gewesen, mich zur Nachgiebigkeit zu bewegen« (2,3). Obgleich dieses Zitat eher eine Zurücksetzung der Liebe gegenüber der Ehre belegt, war Teresa doch zeit ihres Lebens ein liebebedürftiger und ein liebeverströmender Mensch.[7] Diese ihre Begabung voll zu entfalten, war ihr Ziel, bis sie nach langen Jahren des Kampfes merkt, daß

nicht die Zerstörung dieser Liebesfähigkeit, sondern ihre Erfüllung im Sichverschenken an Gott und an die Mitmenschen von ihr gefordert ist. »Auch hatte ich in einem anderen Kloster eine sehr innige Freundin [Juana Suarez], deshalb wollte ich, wenn ich je Nonne werden sollte, nur ihr Kloster wählen. Ich sah also mehr auf das, was meiner Sinnlichkeit und Eitelkeit zusagte, als was zum Heil meiner Seele gewesen wäre« (Vida 3, 2).

Immer und zu allen Zeiten ihres Lebens muß Teresa, wie schon erwähnt, faszinierend auf ihr jeweiliges Gegenüber gewirkt haben. Und doch ist ihr diese Liebesfähigkeit auch immer wieder zum Fallstrick geraten, der sie am »mystischen Höhenflug« hindern und in eine dauernde Kampfsituation bringen sollte.

Ein weiterer typischer Wesenszug ist Teresas schon früh dokumentiertes Interesse an Abenteuern und großen Taten. »¡Para siempre, siempre, siempre!« – für immer, immer, immer – (Vida 1, 5) pflegt sie dabei zu wiederholen und sich und anderen Mut zu machen. Genährt wird diese Grundlage durch die bei der Mutter gefundenen Ritter- und Abenteuerromane, die sie beide – gegen den Willen des gestrengen Ehemannes und Vaters – buchstäblich verschlingen: »Ja, so sehr war ich in diese Neigung verstrickt, daß ich mich unzufrieden zeigte, wenn ich nicht immer wieder ein neues Buch hatte« (Vida 2, 1).

So entsteht in ihr der Drang, immer Neues und immer Größeres zu erfahren. Er wurde wohl begünstigt durch die familiären Verhältnisse: Ihre Brüder brechen einer nach dem andern (von fünfen wissen wir es sicher) »para las Indias«, in die »Neue Welt« auf, um dort für Land und König zu kämpfen.[8] Erst als Teresa seit 1554 (dem Jahr ihrer Bekehrung) nach und nach den Blick nach innen und auf Ihn richtet, erfüllt sich dieser Hang zum Großen, zum Nie-da-gewesenen endgültig, aber auf andere Weise: Sie läßt sich ein auf das Wagnis, das Gott heißt. Eingetaucht in die Abgründe mystischen Geschehens, wird sie gleichzeitig zu höchster Aktivität getrieben. Das beweisen nicht zuletzt neben ihren aufreibenden Klostergründungen ihre mystischen Schriften und die stattliche Zahl von etwa 15 000 Briefen. Man kann sagen, Teresa sei die inkarnierte Kommunikation zwischen Gott und den Menschen.

Schon vor 1554 erfährt Teresa wiederholt göttliche Gunstbezeigungen und Zeichen seiner Nähe. Stufenartig nach innen führt jetzt dieser Weg, hin zu jenem Seelengrund, »wo die tief geheimnisvollen Dinge zwischen Gott und der Seele vor sich gehen« (1 Mor. 1,3). Dennoch ist es nicht die heute so weitverbreitete Sucht nach Selbstbespiegelung, sondern eine im Raum der Kirche verankerte Gotteserfahrung. Die dialogische Struktur dieser Erfahrung gibt ihr ebenso Demut wie Sicherheit: Sie birgt ständig das Risiko des Mißverstandenwerdens, schenkt aber auch Geborgenheit. Teresa spricht mit ihren geistlichen Beratern, sie vertraut sich immer wieder neu der amtlichen Kirche an. Schließlich schreibt sie – im Schreiben dialogisiert sie ständig – für ihre Mitschwestern. Der Dialogpartner schlechthin jedoch ist »Su Majestad« (Seine Majestät) Gott. Vor ihm ist sie bereit, die vielzitierte »honra«, die Ehre, aufs Spiel zu setzen, denn nunmehr gelten neue Maßstäbe von Werten.

Ihre mystagogischen Schriften gehen bruchlos in jenes Beten über, das sie als den freundschaftlichen Umgang mit Christus bezeichnet hat. Schon im »Geistlichen Abc« Osunas war sie auf das Phänomen der »Humanidad de Cristo«, der Menschheit Christi, aufmerksam geworden. Die theologische Lehrmeinung der Zeit ist auf das Gegenteil, die reine Vergeistigung der Beschauung, fixiert. Teresa muß mit ihrer Erfahrung sehr einsam dagestanden haben, wie aus ihrer Autobiographie herauszuhören ist: »Ich will hier etwas besprechen, was mir sehr wichtig erscheint. Wenn Euer Gnaden es gut halten, mag es Ihnen zur Unterweisung dienen, die Sie vielleicht brauchen können. In einigen Büchern, die vom Gebet handeln, heißt es nämlich, die Seele könne ... durch Erhebungen des Geistes über alles Geschaffene ... in jenen Stand gelangen, von dem bisher die Rede gewesen ... Ich weiß zwar nicht recht, was jene Lehrer unter dem Weg der Erleuchtung verstehen – ... sie raten jedoch dringend, sich von jeder körperlichen Vorstellung loszumachen ... Denn, so sagen sie, diese Vorstellungen, selbst jene von der Menschheit Christi nicht ausgenommen, würden diejenigen, die schon so weit vorangeschritten sind, an der vollkommenen Beschauung hindern ... Man solle sich darum von allen Seiten mit Gott umgeben und ganz in Ihn versenkt betrachten. Dies scheint mir allerdings bisweilen gut zu sein; aber sich ganz von Christus abzuwenden ..., das kann ich nicht ertragen« (Vida 22. 1).

2. *Stufen des Weges*[9]

Werfen wir nun einen Blick auf den Kern teresianischer Spiritualität, auf die Stufen ihres mystischen Weges. »Mystischer Weg«, »mystischer Aufstieg«, »mystische Stufen« sind häufig auftauchende Begriffe. Sie zeigen an, daß Geschenk und Gnade keinen Gegensatz zum persönlichen Bemühen innerhalb der Entwicklung bilden. Teresa hat ein eigentümliches Bild für dieses Zusammenwirken von Gnade und Bemühung gefunden, das im Laufe ihres Lebens aus verschiedenen Visionen, aber auch durch mystische Lektüre und Bibelkenntnis entstand. Sie nennt es »Las Moradas del Castillo interior«. (»Wohnungen der inneren Burg«, bisweilen auch nur kurz »Wohnungen« oder »Innere Burg«.) Diese Burg, die eine Allegorie der ganzen menschlichen Innerlichkeit sein will, hat eine ungewöhnliche Struktur: Sie gleicht einem Kristall, in dessen Mitte Gott als liebender, herrlich geschmückter Bräutigam wohnt und sein Licht aussendet, sofern nicht die Seele – wie Teresa sagt – durch Sünden dieses Licht verdunkelt (1 Mor. 2).
Es geht für die Mystiker zuerst darum, in diese Burg hineinzukommen. Der Mystiker ist ein Kontemplativer. Der

Schlüssel, der das Eingangstor öffnet, ist das Gebet (vgl. 1 Mor. 1). Es ist aber nicht einfach, sich in den vielen Wohnungen zurechtzufinden, die ineinander, nicht nebeneinander angeordnet sind. Teresa beschreibt den Weg zur Mitte mit sieben Stufen entsprechend einer verbreiteten Tradition. Doch im Epilog fügt sie hinzu, es gäbe noch viel mehr Wohnungen. Zudem könne man nicht nach einer festen Ordnung voranschreiten, quasi schnurstracks auf die Mitte zu. Für ihre Mitschwestern resümiert sie an der gleichen Stelle: »Freilich könnt ihr nicht in alle Wohnungen durch eigene Kraft gelangen ..., wenn nicht der Herr der Burg euch selbst hineinführt«. Sie empfiehlt, »nie irgendwie gewaltsam vorzugehen.« Man mag sich die Wohnungen, die den Weg ausmachen, etwa wie konzentrische Kreise vorstellen, doch muß man darauf achten, daß man das Bild nicht in ein Schema preßt. Solange der Mystiker nicht im ruhenden Mittelpunkt angelangt ist, gibt es ein Hin und Her, ein Vor und Zurück.

Eine Anmerkung zum Begriff der Aszese erscheint an dieser Stelle sinnvoll. Echte Mystik im Sinne Teresas erschöpft sich nicht in Gebet und Versunkenheit. Sie setzt bestimmte Verhaltensweisen im Leben voraus und hat solche auch zur Folge. Mystik ist keine Technik, schon deshalb nicht, weil sie aus dem Zusammenwirken von Gott und Mensch entsteht, wobei Gott als der absolut Freie methodisch nicht einzufangen ist. Was Teresa den »Weg« oder die »Stufen« oder die »Wohnungen« nennt, bezeichnet jeweils den Grad, mit dem Gott oder der Mensch oder beide am inneren Geschehen des Gebets und seinen äußeren Folgen beteiligt sind.

Das Bewässerungsgleichnis

Man mag sagen (ohne allerdings der sublimen Differenziertheit des Geschehens zwischen Gott und Mensch voll gerecht zu werden), dieser Weg habe vom Menschen her gesehen einen aktiven und einen passiven Teil. Teresa macht das nicht nur in der Beschreibung der Wohnungen deutlich, sondern schon in ihrem anderen berühmt gewordenen

Gleichnis, für welches sie im Mystik-Leitfaden Osunas die Anregung fand.[10] Sie übernimmt dessen Bild von der Bewässerung eines Gartens –, nach ihrer spezifischen Erfahrung – unverändert, indem sie vier Arten der Bewässerung (vgl. Vida 11,7) nennt: 1. Mit menschlicher Kraftaufwendung wird ein voller Eimer Wasser aus einem tiefen Brunnen gezogen. 2. Der Gärtner bedient sich eines Schöpfrades, womit sich die Anstrengung verringert. 3. Wasser aus einem Fluß oder Bächlein wird in den Garten geleitet, wodurch sich die Ersparnis der zu verwendenden Energie noch einmal vergrößert. 4. Der Herr (Gartenbesitzer), also Gott, läßt Regen niederfallen und nimmt damit dem Menschen alle Mühe ab. – Dieses Gleichnis steht in Teresas »Vida«, die sie verfaßt, als sie noch nicht zur Unio mystica gelangt war. Die »Innere Burg« hingegen schrieb sie erst 1577, als sie schon fast fünf Jahre lang die Erfahrung der geistlichen Vermählung gemacht hatte.

Die sieben Wohnungen

Auch auf die Gefahr einer Schematisierung hin soll nun in den »Moradas« (»Wohnungen«), welche Teresa zwischen Juni und November 1577 verfaßt hat, versucht werden, die einzelnen Phasen oder Stufen dieser Annäherung an Gott im mystischen Gebet (und deren jeweilige Wirkungen) darzulegen.

Selbsterkenntnis

Die erste Wohnung kann nur betreten, wer sich in der Selbsterkenntnis, das meint, der Anerkenntnis der eigenen Unwürdigkeit übt. Diese Forderung gilt auch für alle übrigen Wohnungen. Teresas zahllose Beteuerungen der eigenen Unwürdigkeit offenbaren die mystische Dialektik: Je geringer die Verfehlungen werden, um so schwerer wiegt das Bewußtsein um diese Verfehlungen. Immer noch bleibt aber im Falle Teresas ein starkes Verhaftetsein der Welt gegenüber bestehen. Welche Gebetsarten prägen nun diesen ersten Grad? Teresa differenziert hier bereits nach Veranlagungen. Für einige wird das sogenannte »mündliche Gebet« das beste sein. Es ist dies ein Gebet mit vorgegebenen Worten, die man tatsächlich ausspricht, liest oder nur denkt. Wesentlich ist, daß man weiß, an wen man diese Worte richtet. Man muß die Augen auf Christus gerichtet halten, der im Innern des Kristalls (der Burg) als liebender Bräutigam wartet. Aus dieser menschlichen Anstrengung ergibt sich zuweilen bereits ein fließender Übergang hin zur sogenannten »Betrachtung«. Teresa versteht darunter das Durchdenken und Durchfühlen einer Situation aus dem Leben Christi, eines Bibeltextes und das Ziehen von Rückschlüssen auf das eigene Leben. Ihr selbst fiel diese Gebetsart wohl schwer, weshalb sie immer auf die Mühen des »Wasserschöpfens« hinweist. Sie zieht es vor, nach kurzer geistlicher Lesung sich den Herrn zu vergegenwärtigen und sich innerlich frei mit Ihm zu unterhalten. Teresa warnt vor der Überheblichkeit, andere richten zu wollen, aber auch vor zu harten Bußwerken, die der Gesundheit schaden und irgendwo den eigenen Hochmut oder die geistliche Gefallsucht durchscheinen lassen. Demut ist ihrer Ansicht nach das eigentliche Fundament des ganzen Gebäudes (der Burg).

Beharrliche Freiheit

Der Übergang zur zweiten Wohnung ist fließend, denn die Seele muß die Möglichkeit behalten, alle Wohnungen frei zu durchwandeln. Jede Einengung von seiten des Seelenführers ist nach Teresa ebenso gefährlich wie Ehrgeiz oder Leistungszwang. In dieser Wohnung wird der Ruf Gottes schon stärker vernommen. Die Erfahrung des Nach-innen-Gehens wächst. Die Sammlung gelingt schon besser. Gute Bücher, Predigten, aber auch Krankheiten und Leidenserfahrungen können hilfreich sein. Der Mensch ist hier noch sehr aktiv. Sein Entschluß, sich dem Willen Gottes gleichförmig zu machen, ist fest geworden.

Trockenheit

Die dritte Wohnung stellt ein Stadium des Übergangs dar. Der Beter hat hier unter der sogenannten »Trockenheit« zu leiden. Der Brunnen gibt kein Wasser mehr her. Man hat kaum mehr Erfahrungen der inneren Nähe Gottes. Mündliches Gebet und Betrachtung sind schwierig geworden. Die eigenen Fehler bedrängen das Bewußtsein. Es liegt hier nach Teresa ein Wirken Gottes vor. Man könnte es nur mit dem paradoxen Begriff des »passiven Eingreifens« umschreiben. Gott entzieht auf dieser Stufe dem Menschen die einmal geschenkten Gnaden, um ihn seine Abhängigkeit spüren zu lassen. Es ist Teresas nüchterner Realitätssinn, der sie vor drei Gefahren warnen läßt: Man soll die eigenen Fehler nur ja nicht für von Gott verhängte Prüfungen und Läuterungen (und damit Gnaden) halten; man darf nicht versuchen, mit eigenen Mitteln vorankommen zu wollen; man soll nicht versuchen, andere zu missionieren.

Demut

In der vierten Wohnung beginnt eine zweite Phase des mystischen Weges: Gott übernimmt die Führung und Aktivität, der Mensch hat sich zunehmend passiv zu verhalten. Teresa nennt das hierzu erforderliche Gebet das »Gebet der Ruhe«. In ihrer »Vida« war von der Zuleitung des Wassers aus einem Bach oder einer Quelle in den Garten die Rede gewesen (16. 1). In den »Moradas« wählt Teresa das Bild vom Brunnen, aus dessen Tiefen ein Quell hervorsprudelt und das Brunnenbecken füllt. Das Tun Gottes wird allen sichtbar. Die Fähigkeiten des Menschen, seine Aufmerksamkeit, sein Wollen und Lieben sind nach innen gerichtet.

Es ist dies ein ganz eigener Zustand, in dem das Übernatürliche mit dem Natürlichen vermengt ist. Der Mensch gerät in einen Zustand der in Gott ruhenden Seligkeit. Zur Zeit Teresas spricht man in diesem Zusammenhang von der »Gebundenheit des Willens«. So kann das Beten nicht mehr schlußfolgernd ablaufen. Mit dem »Betrachten« im eigentlichen Sinn ist es hier vorbei; dennoch empfiehlt es Teresa weiterhin außerhalb des »Gebets der Ruhe« als unerläßliche Übung. Obwohl das sogenannte diskursive Denken nicht mehr möglich ist, schwirren die Gedanken noch herum. Der Verstand möchte verstehen, was er nicht begreifen kann: Er »irrt herum wie ein lästiger Narr«, und das Beste ist, »man kümmert sich nicht um ihn« (vgl. 4 Mor. 3, 8). Der Betende besinnt sich darauf, daß er vor Gott steht, daß Gott ihn ruft, und er soll – wenn er kann – Gott ein Wort der Liebe sagen oder besser ohne Worte sein Gefühl sprechen lassen. Liebende Vergegenwärtigung hat die kreisende Betrachtung abgelöst. Auf dieser Stufe findet also erstmals ein wirklicher Austausch statt. Vor allem wird zum ersten Mal der »Seelengrund« erfahren, jener Ort, in dem später als »Mitte« die Erkenntnis und die Vereinigung mit der Gottheit erfolgen. Die tief beglückende Erfahrung dieser Stufe soll dem inneren Menschen Freiheit, Zuversicht und Kraft zum Weitergehen geben. Wenn jedoch der Mensch sich anmaßt, weitere Gnaden und Beseligungen zu erzwingen, ist der Weg an dieser Stelle zu Ende. Denn in dieser Wohnung kommt alles darauf an, nichts zu erstreben außer der Nachfolge des Herrn, ihn zu lieben ohne Eigennutz (4 Mor. 2, 9). Die Losung lautet »Demut«.

Es ist angebracht, hier ein Wort über die zur Zeit Teresas so beliebte Leidens- und Kreuzesmystik zu sagen. Auffallenderweise ist bei ihr im innersten Gemach nicht das Bild des Kreuzes, sondern vielmehr das eines strahlend geschmückten Bräutigams zu sehen, der seine »Braut« erwartet (7 Mor. 2). Dennoch ist es ein dorniger und entsagungsreicher Weg, ein Weg nach innen, hin zur Mitte. Und das bedeutet für den Weg der Nachfolge: Auch diese Wohnung hat ihr »Kreuz«. Was in der mystischen Literatur allgemein als »Losschälung« erwähnt wird, heißt bei Teresa im Original sehr viel exakter: »desasimiento«, »Nicht-festhalten«, also »Loslassen«.[11]

Loslassen

Die fünfte Wohnung ist durch dieses völlige Loslassen gekennzeichnet, welches das Gebet der Vereinigung erst ermöglicht. Die verschiedenen Arten des Betens spielen noch eine große Rolle, weil es sich bei dieser Stufe stets nur um kurze, rasch vorübergehende Zustände und Erfahrungen handelt. Allerdings sind diese Zustände nicht unbedingt an die im Klosterleben vorgegebenen Gebetszeiten gebunden. Gott kommt, wann er will und wie er will (5 Mor. 1,13; »cuando quiere y como quiere«). So können diese Zustände der Sammlung, der Ruhe und kurzen Vereinigung den Menschen auch mitten in seiner Arbeit, im Gespräch mit anderen oder in einem Augenblick treffen, wo er am wenigsten damit rechnet. Vor allem nützt eigene Anstrengung nichts. In diesem Gebet der Vereinigung ist alle Aufmerksamkeit der Seele auf Gott gerichtet, während die ganze Welt (wenn auch nur für kurze Zeit) für den Betenden ins Nichts versunken scheint. Im täglichen Leben darf der Mensch, der diese Stufe erreicht, nichts mehr für sich selber wünschen oder festhalten wollen. Dafür schenkt ihm Gott Beseligungen, die alle menschliche Vorstellungskraft übersteigen. Das Loslassen bedeutet keinesfalls »indiferencia« (»Gleichgültigkeit«) gegenüber der Welt, obwohl in diesem Stadium sich gelegentlich ein Überdruß an den Dingen dieser Welt bemerkbar machen kann. Wesentlich ist weder Freude noch Trauer, sondern einzig der Wunsch, alles nur noch aus Gottes Hand empfangen zu wollen.

Das »Gebet der Vereinigung« selbst, das nach Teresa nie länger als eine halbe Stunde dauert (5 Mor 2,7: »un poquito metida en la grandeza de Dios«), wäre im Bild des aus der Raupe entschlüpfenden Schmetterlings[12] zu sehen (5 Mor.

2). Auch der menschliche Körper hat Anteil an dieser Tiefe des Betens: Der Atem wird nicht mehr gespürt, der Blutkreislauf scheint zu stocken, der Verstand kann zwar noch staunen über das, was um ihn herum geschieht, jedoch nichts mehr eigentlich begreifen. Teresa verweist auf zwei Merkmale: Zum einen bleibt die hundertprozentige Gewißheit, daß Gott im Innern der Seele war und die Seele in Gott: So sehr prägt sich diese Erfahrung der Seele ein, »daß sie selbst nach Jahren, und wenn ihr Gott gar keine weiteren Gnaden mitteilte, nicht daran zweifeln kann, daß es so war« (5 Mor. 1,9). Zum anderen ergibt sich daraus eine äußerst wichtige Wirkung: Sobald die echte Vereinigung mit Gott geschieht, nimmt die Liebe zum Mitmenschen sehr schnell und für alle sichtbar zu. Für Teresa ist die Nächstenliebe geradezu der Beweis der Echtheit mystischer Gotteserfahrung. Sie schreibt: »Denn ob wir Gott lieben, kann man nicht wissen, wenn es auch spürbare Anzeichen dafür gibt. Aber die Liebe zum Nächsten ist erkennbar. Und glaubt mir: Je weiter ihr euch in dieser fortschreiten seht, um so größer ist eure Liebe zu Gott ... Wir können nämlich niemals zur vollkommenen Nächstenliebe gelangen ..., wenn sie nicht aus der Wurzel der Liebe zu Gott erwächst« (5 Mor. 3,8.9). Man erhält also die mystischen Gnaden einzig aus einem Grund: zur inneren Stärkung, damit man zu nützlichen Gliedern der Gemeinschaft und zu treuen Dienern Gottes wird. Es geht also nicht um das Genießen beglückender Erfahrungen. Im Gegenteil: Diese Erfahrungen bringen auch wieder ihr »Kreuz« mit sich. Die für eine halbe Stunde zur Vereinigung erhobene Raupe tut sich nach ihrer Entlassung als kleiner Schmetterling zunächst schwer und würde die Welt am liebsten verlassen, damit der Zustand ewig daure. Nur der Gedanke an den Willen Gottes bringt den mystischen Beter wieder zur Annahme des Kreuzes: »Kurz, es zeigt sich, daß wir unser Kreuz zu tragen haben, solange wir leben. Und wer meint, er lebe, seit er diese Stufe erreicht hat, immer in Heiterkeit und Ruhe, dem sage ich, daß er sie überhaupt noch nicht erreicht hat« (5 Mor. 2, 9). Die Wirkung zeigt sich in der steigenden Liebe zum Mitmenschen und in der Sorge um das Seelenheil anderer. »Werke will der Herr«, betont Teresa am Ende des dritten Kapitels der fünften Wohnung (5 Mor. 3. 11), denn »das ist die wahre Vereinigung mit seinem Willen.«

Ekstase

Die sechste Wohnung ist wieder eine der Vorbereitung und des Übergangs. Sie bringt großes Leid mit sich: Krankheit, Verleumdungen, Verlassenwerden von den besten Freunden und vor allem eine tiefe Gottesferne und Gottverlassenheit, kurz: völlige Ohnmacht. Der Mystiker kann in dieser Phase meinen, er habe all das Vorherige nur geträumt. Er verdammt alles und hält die Hölle für den ihm zukommenden Platz, sieht sich »wie ein Gekreuzigter zwischen Himmel und Erde« – so eine Erfahrung Teresas aus der Zeit ihres Lebensrückblicks (Vida 20, 11) – und findet zu beiden keinen Zugang.

Dann aber gehören zur sechsten Wohnung die seltsamen Erscheinungen, die der Unkundige gern für das Eigentliche der Mystik hält: Visionen, Auditionen, Ekstasen, Levitationen, Erleuchtungen (überbegriffliches und bildloses Erkennen göttlicher Geheimnisse). Bildhafte wie bildlose Visionen sind sehr ausgeprägt vorhanden. Ihre Echtheit beurteilt Teresa wiederum an deren Wirkungen, nämlich ob sie Nächstenliebe und gute Werke erzeugen oder nicht. Wenn Teresa als nüchterne, realitätsbezogene Frau gerühmt wird, so geschieht dies hier zu Recht. Immer wieder weist sie auf die Demut hin, sich führen und beraten zu lassen, damit man nicht ein Spielball der eigenen Einbildungen werde. »La humildad es andar en verdad« (6 Mor. 10, 8 – »Demut ist Wandeln in der Wahrheit«).

Die siebte Wohnung wird (wie bei Juan de la Cruz) von der bildlosen Schau der göttlichen Trinität eingeleitet (7 Mor. 1,7). Durch unmittelbare Erkenntnis und Erleuchtung erfährt die »eintretende Braut« das Geheimnis der dreipersönlichen Einheit und die Konzentration dieses Geheimnisses in Christus. Sie erkennt, daß dieser dreieinige Gott in ihrem tiefsten Seelengrund (»en lo interior de su alma« – 7 Mor. 1,8) wohnt und sich nun auch ihrem bewußten Leben auf immer verbindet. Man sieht hier das letzte Geheimnis »bildlos, mit den Augen der Seele«, schreibt Teresa (7 Mor. 1,7). Es ist aber nicht nur eine bildlose Schau. In Metaphern gesprochen (denn anderes Sprechen ist hier undenkbar) ist es eine Vermählung, eine geistliche Hochzeit. Der in diese Wohnung eingegangene Mensch hat von nun an ständig Anteil am Leben und Lieben Gottes. »Trinität« ist nur ein anderer Ausdruck für Liebe. Und wieder erinnert sich Teresa an das von ihr bevorzugte Element des Wassers, wenn sie schreibt: »Es ist, als ob Wasser vom Himmel in einen Fluß oder Brunnen fällt« (7 Mor. 2,6).
Darum hören auch Ekstasen und sonstige paranormale Erscheinungen der sechsten Wohnung, die noch auf ein gewisses Ungleichgewicht schließen ließen, in der siebten Wohnung auf. Nichts kann mehr den inneren Frieden rauben oder stören: »Was diese Wohnung von den vorhergehenden unterscheidet, ist das: Hier gibt es fast nie mehr geistige Dürre und keine inneren Beunruhigungen, ... sondern die Seele ist fast immer in Ruhe« (7 Mor. 3,10). Und doch ist Teresa wachsam: Subjektiv hat sie das Gefühl, diese Vereinigung sei so langlebig und unlöslich wie die einer Ehe. Objektiv weiß sie, daß gemäß der Lehre der Kirche niemand seines Heils gewiß sein darf. Sie spricht daher von der Erfahrung, daß sie aus der Unio mystica noch hin und wieder, wenn auch kaum länger als einen Tag, herausfalle. Auch die mit Gott vereinte Seele ist immer noch Geschöpf, also

nicht frei von Fehlern und (läßlichen) Sünden. An manchen Tagen, berichtet Teresa, gestattet Gott sogar dem »giftigen Gewürm« der ersten Wohnungen, »sich zusammenzurotten« (7 Mor. 4, 1) und in Richtung auf die siebente vorzudringen. Die Dialektik von Leid und Freude zieht sich somit bis in die letzte Wohnung durch.

Teresa, Realistin genug, erzählt selbst in dieser letzten Wohnung noch von den Betrübnissen, die daraus resultieren, daß sie nie so viel für Gott und die Menschen tun kann, wie sie gerne möchte. Denn dieses Wollen ist ein übermenschliches und gereicht ihr gleichzeitig zu Glück und Qual. Auf einen einfachen Nenner gebracht, wäre dieser teresianische Weg dann etwas, was sie in ihren »Gewissensberichten« (»Cuentas de Consciencia«) dem Herrn selbst in den Mund legt: »No trabajes tú de tenerme a Mí encerrado en ti, sino de encerrarte tú en Mí« (CC. 15,3 – »Suche nicht, mich in dich, sondern dich in mich einzuschließen«). Oder wie sie es poetisch formuliert[14]:

»O Seele, suche dich in Mir,
und, Seele, suche Mich in dir.

Die Liebe hat in Meinem Wesen,
Dich abgebildet treu und klar,
kein Maler läßt so wunderbar,
o Seele, deine Züge lesen.
Hat doch die Liebe dich erkoren
als meines Herzens schönste Zier:
bist du verirrt, bist du verloren:
o Seele, suche dich in Mir.

In meines Herzens Tiefe trage
Ich dein Porträt, so echt gemalt;
sähst du, wie es vor Leben strahlt,
verstummte jede bange Frage.
Und wenn dein Sehnen mich nicht findet,
dann such' nicht dort und such' nicht hier:

»Alma, buscarte has en Mí
Y a Mí buscarme has en ti.

De tal suerte pudo amor,
Alma, en Mí te retratar,
Que ningún sabio pintor
Supiera con tal primor
Tal imagen estampar.
Fuiste por amor criada.
Hermosa, bella, y ansí
En mis entrañas pintada,
Si de pierdes, mi amada
Alma, buscarte has en Mí.
Que yo sé que te hallarás
En mi pecho retratada
Y tan al vivo sacada,
Que si te ves te holgarás
Viéndote tan bien pintada.
Y si acaso no supieres
Dónde me hallarás a Mí,

gedenk, was dich im Tiefsten bindet,
und Seele, suche Mich in dir.
Du bist mein Haus und meine Bleibe,
bist meine Heimat für und für:
Ich klopfe stets an deine Tür,
daß ich kein Trachten von Mir treibe.

Und meinst du, ich sei fern von hier,
dann ruf Mich, und du wirst erfassen,
daß Ich dich keinen Schritt verlassen:
und, Seele, suche Mich in dir.«

(Übersetzung Erika Lorenz)

No andes de aquí para allí,

Sino, si hallarme quisieres
A Mí, buscarme has en ti.
Porque tú eres mi aposento.
Eres mi casa y morada,
Y ansí llamo en cualquier tiempo,

Si hallo en tu pensamiento
Estar la puerta cerrada.
Fuera de ti no hay buscarme,
Porque para hallarme a Mí,
Bastará sólo llamarme,
Que a ti iré sin tardarme
Y a Mí buscarme has en ti.«

Dieser Art also sind Teresas »mystische Höhenflüge«. Man spricht gern von einem Realismus der Erfahrung.[13] Der Mystiker ist auf dieser Stufe an seinem eigenen Heil wenig interessiert (»Selbstvergessenheit«). Was ihn antreibt, ist einzig die Ehre und Verherrlichung Gottes und das Heil des Mitmenschen. Der Weg endet immer gleichzeitig im Bild der Marta und Maria: »Marta und Maria müssen beisammen sein, um den Herrn beherbergen zu können« (vgl. 7 Mor. 4, 14). Der mystische Mensch sitzt also dem Herrn zu Füßen, aber er bereitet ihm auch Speisen. Unter »Speisen« versteht Teresa das Apostolat, das möglichst viele Menschen für Gott und seine Sache gewinnt. Äußere Ruhe gibt es kaum noch: »Diese Seelen empfangen die Ruhe in ihrem Innern nur, um sie im äußeren Leben um so weniger zu haben« (7 Mor. 4, 11). Aus dieser mystischen Verbindung müssen Kinder = Werke entstehen: »Darauf, meine Töchter, zielt das innere Gebet, und dazu dient auch die geistliche Vermählung, daß daraus Werke, Werke geboren werden« (7 Mor. 4,6). Teresa lebte dies vor und nahm dafür auch Verleumdungskampagnen in Kauf: Von höchsten kirchlichen Würdenträgern wurde sie wiederholt angegriffen, des Bruchs der Klausur und der Übertretung der Ordensregel bezichtigt sowie (vom päpstlichen Nuntius Felipe Sega) als »ruhelose Herumtreiberin«[15] bezeichnet.

3. *Spirituelle Grundlinien*

Abschließend sollen die Grundlinien teresianischer Spiritualität nachgezeichnet und zusammengefaßt sowie die als Einheit gelebte Bipolarität im Überblick dargestellt werden.

Von Gott ergriffen – dem Menschsein verpflichtet

»Toda de Dios«, alles von Gott, in Gott, von Ihm gepackt – und deshalb dem Menschsein ganz verpflichtet, so etwa könnte man diesen Grundzug ihrer Spiritualität auf einen Nenner bringen. Im »Libro de las Fundaciones« (»Buch der Klostergründungen«) etwa spricht Teresa eingehend darüber, »wie man Gott auch bei intensivster äußerer Tätigkeit nicht zu verlieren braucht«[16]:

> »Auch wenn euch der Gehorsam viele äußere Verpflichtungen auferlegt, etwa in der Küche, so wisset, auch zwischen den Kochtöpfen wandelt der Herr« (F. 5,8) ... »Hier [i. e. in der Welt], meine Töchter, gilt es zu beweisen, wie groß die Liebe ist, nicht in Schlupfwinkeln« (F. 5,5).

Gerade in der letzten Wohnung der Seelenburg, also am Ende des Prozesses, hatte sie eindringlich darauf hingewiesen:

> »Glaubt mir, Marta und Maria müssen beisammen sein, um den Herrn beherbergen zu können und ihn immer bei sich zu behalten« (7 Mor. 4,14).

Und gleichzeitig:

»Ich lebe, doch ohne in mir zu leben, und erwarte ein so erhabenes Leben, daß ich sterbe, weil ich nicht sterbe.«[17]

Beides gehört zusammen: ein intensives Wachsein für alles Gegenwärtige und ein ungetrübter Blick auf das transzendent Endgültige. Ein Detail dieser spezifisch teresianischen Ausrichtung ist erkennbar im Bild der

»Zwei Wachskerzen, die man so dicht aneinanderhält, daß beider Flamme ein einziges Licht bilden ... ähnlich jener Einheit, zu der der Docht, das Licht und das Wachs verschmelzen« (7 Mor. 2, 6).

Dieses Bild ist zusammen mit der einzigartigen Gabe Teresas zu sehen, sich ganz und gar auf das menschliche Gegenüber einzustellen und bis ins Kleinste um sein Wohlergehen Sorge zu tragen. Sie war sich voll bewußt, daß erst im Tun der Liebe die Gotteserfahrung gleichsam ratifiziert wird.[18]

»Bis man mir mitteilt, daß das Fieber Sie verlassen hat, werde ich immer in Sorge um Sie sein. Sehen Sie, ob nicht etwa Bleichsucht die Ursache ist, wie es bei Personen vorkommt, die an Blutarmut leiden« (Cta. 157),

schreibt sie am 13. 12. 1576 an die ihr befreundete Priorin María de San José in Sevilla. An dieselbe ergehen am 8. 11. 1581 – also kurz vor ihrem eigenen Tod – die Zeilen:

»Ihr Brief war ein großer Trost für mich. Das ist durchaus nichts Neues, denn während andere Briefe mich ermüden, erhole ich mich bei den Ihrigen. Ich sage Ihnen, wenn Sie mich lieben, so erwidere ich diese Liebe und freue mich darüber, daß sie es mir sagen« (Cta. 387).

Ihre Sorge drückt sich auch in dem Brief an einen befreundeten Edelmann in Avila aus, Don Francisco de Salcedo, dem sie Ende September 1568 schreibt:

»Gott erhalte Ihnen das Leben, bis ich sterbe. Nachher werde ich Sorge tragen, daß unser Herr auch Sie bald zu sich nehme, damit ich dort nicht ohne Sie bin« (Cta. 13).

Inmitten dieser Bindung und Hinwendung an Freunde bleibt Teresa in ihrer »Ge-lassen-heit« (»desasimiento«). Ihre Bereitwilligkeit und Ergebenheit in Gott gründet in ihrer Haltung, die für viele Menschen so etwas wie Teresas Kennkarte darstellt. Die erst nach ihrem Tod aufgefundenen Worte[19] drücken eine Hochform ihrer Beschauung in sehr knappen Worten aus:

Nada te turbe,	Nichts soll dich ängstigen,
Nada te espante,	Nichts dich erschrecken,
Todo se pasa,	Alles vergeht,
Dios no se muda,	Gott bleibt derselbe.
La paciencia	Geduld
todo lo alcanza;	erreicht alles.
Quien a Dios tiene	Wer Gott besitzt,
Nada le falta.	Dem kann nichts fehlen.
Sólo Dios basta.	Gott nur genügt.

Hieraus erklärt sich wohl auch die »Freiheit der Kinder Gottes«, die ihr im Umgang mit höchsten Würdenträgern (zwei Briefe an König Philipp II. vom 11. 6. 1573 und vom 4. 12. 1577 sind erhalten) den jeweils adäquaten Tonfall, aber auch eine gewaltige Dosis von »libertad« (»Freiheit«) verleiht. Sie versteht es, »zwischen Takt und Taktik« (E. Lorenz) ihre Ansichten zu äußern. In einem Schreiben von Ende Januar 1576 an den höchsten Repräsentanten ihres Ordens, Pater General Giovanni Battista Rossi (span. Rubeo), wird das besonders deutlich:

»Wenn wir vor dem Angesicht Gottes erscheinen, werden Euer Wohlehrwürden sehen, wie viel Sie Ihrer wahren Tochter Teresa de Jesús verdanken« (Cta. 98).[20]

Teresas Mut, ihre Hoffnung gegen alle bedrängende »Weltuntergangsstimmung« bringen ihr das für unsere heutigen Ohren etwas befremdlich klingende »Kompliment« ein, sie sei tapfer und mutig »wie ein echter Mann, und zwar einer von den ganz bärtigen«.[21]

Bezeichnend ist Teresas Definition von »Demut«:

»Ich dachte einmal darüber nach, warum wohl unser Herr die Demut so liebe. Da kam mir der Gedanke: Gott ist die höchste Wahrheit, und Demut ist wandeln in der Wahrheit« (6 Mor. 10,8).

Die zahllosen Schwierigkeiten der von ihr eingeleiteten Klosterreform scheinen sie eher anzustacheln als niederzudrücken. Immer dann, wenn sie weder über Personal noch über einen einzigen Heller verfügt, macht sie Zusagen für weitere Neugründungen. Obendrein hält sie Ihm – »Su Majestad« – dann auch noch vor, Er lasse sie und die Reform im Stich.
Daß nach Teresas eigenen Worten ein Heiliger, der traurig, griesgrämig, sauertöpfisch (»encapotados«) ist, ein »trauriger Heiliger« ist, zeigt ihre realistische Art, geistliche Dinge zu behandeln und Beschauung zu leben. Einige Kostproben dokumentieren das:

Als auf einer ihrer Reisen quer durch Spanien ihr Gefährt in den durch tagelange Regenfälle aufgeweichten Straßengraben stürzt und die Achse zerbricht, wendet sich Teresa vorwurfsvoll an Jesus und glaubt darauf die folgenden Verse zu vernehmen: »Meine Tochter, so behandle ich zuweilen meine Freunde ...« Worauf Teresa nicht umhinkommt, zurückzugeben: »Ja, Herr, darum habt Ihr auch so wenige.«

Der von ihr so verehrte und geliebte Pater Gracian, ihr geistlicher Sohn und gleichzeitig ihr vorgesetzter Provinzial, scheint im Umgang mit Reittieren eklatantes Ungeschick gezeigt zu haben. Mitte Oktober 1575 zeigte sie sich in einem Brief verärgert über seine Stürze: »Man müßte Sie festbinden, damit Sie nicht mehr herunterfallen« (Cta. 89).
Fünf Jahre später, am 4. Oktober 1580, läßt Teresa ihrem Pater aus Valladolid folgende Zeilen zukommen:

»An den Pater Jerónimo Gracián, Medina.
Ich fürchte, dieses kleine Maultier ist nicht das richtige für meinen Pater, und ich meine, er sollte sich ein besseres kaufen ... Daß man mir nur kein Tier kauft, das meinen Pater abwirft! Bei dem jetzigen Maultier macht mir das weniger Sorge, weil es nicht hoch ist« (Cta. 334).

Sicher sind Schlagfertigkeit und Esprit temperamentbedingt und liegen nicht jedem. Dennoch scheint die »Sache Gottes« in heutiger Zeit zuweilen auch an einer gewissen »Bleichsucht« im oben erwähnten Sinn (vgl. Brief vom 13. 12. 1576) zu leiden. Persönlichkeiten vom Zuschnitt einer Teresa von Avila könnten auch der Kirche von heute nicht schaden.

4. *»Tun wir, was wir können...«*

Gerade weil Teresa sich selber völlig im klaren darüber war, wie schwer der Dienst an und im Reich Gottes sein kann, und weil sie diesen Schwierigkeiten als Frau zu Leibe rückt: realistisch und mit dem sicheren Blick für das Gebot der Stunde, kühn, ohne sich von der Übermacht der ihr an Bildung weit überlegenen männlichen Kirchenvertreter entmutigen zu lassen, kann sie uns heute Vorbild sein.

Eine starke, in sich – weil in Gott – gefestigte Persönlichkeit ist Teresa gewesen, trotz immer neuer Krankheiten (wohl psychosomatischen Ursprungs) und physischer Strapazen, die sie im paulinischen Sinn als »Nichts« erachtet, wenn nur Sein Wille geschieht. Die Existenzangst im heutigen Sinn von »Seinsschwäche« (Eugen Biser) kannte sie nicht. Dennoch sah sie – für ihre Zeit hellsichtig genug –, daß so oder so diese Welt nicht aufhört, »in Flammen zu stehen« (Cam. de perf. 1,5) und daß es »keinen Frieden auf Erden« gibt, wie sie es in einem Lied zu einer Profeß formuliert.[22] Und sie zieht daraus den sinnvollen Schluß: »Jetzt ist keine Zeit, mit Gott über geringfügige Dinge zu verhandeln« (»tratar negocios de poca importancia«, vgl. ebd.). Teresa hat die Angst bis in die Tiefen ihres sensiblen Herzens empfunden, aber sie ist nie trostlos geworden, denn sie konnte wenigstens aufschreien zu Ihm, dem lebendigen Gott, an dessen Gegenwart sie durch alle Trockenheit und Nacht hindurch glaubte.

Und ein Weiteres: Die durch die innige Vertrautheit mit ihrem Gott gewonnene Gelassenheit schenkte ihr Harmonie inmitten der Stürme ihrer Reform, die besonders gegen Ende ihres Lebens ihr Werk zu vernichten drohten. Ein Leben des innerlich gesammelten, stellvertretenden Stehens vor Gottes Angesicht, eine Hochform innerer Sammlung war ihr zuteil geworden. Dem Leib-Seele-Dualismus der scholastischen Periode, den sie durch ihren eigentümlichen geistlichen und gelehrten Umgang kennenlernte, stellte sie mit einer eigentümlichen Sicherheit ihre eigenen Erfahrungen gegenüber. Streß im heutigen (krankhaften) Sinn war ihr unbekannt, denn sie konnte sich ehrlich sagen: »Ich entschloß mich daher, das Wenige, das an mir lag, zu tun« (Cam. de perf. 1,2) und ihre Schwestern dazu ermuntern: »Tun wir, was wir können, so wird seine Majestät uns helfen, daß wir jeden Tag mehr vermögen« (vgl. 7 Mor. 4,18). Das Vertrauen auf Gottes Hilfe führte sie wohl auch zu der Einsicht: »Abgesehen von eurem hilfreichen Gebet solltet ihr nicht gleich der ganzen Welt beistehen wollen, sondern denen, die mit euch zusammenleben« (vgl. 7 Mor 4,17). Das heißt, sie beginnt die Reform bei sich und ihrer unmittelbaren Umgebung, und dies mit der erwähnten »eisernen Entschlossenheit« – im Schaffen innerer und äußerer Ruhezonen, im Hören auf Sein Wort im Innersten: »No nos imaginemos huecas en lo interios« – »Stellen wir uns ja nicht vor, wir wären innerlich leer oder hohl«, motiviert sie ihre Mitschwestern (Cam. de perf. 48,2).
Schließlich hatte sie dem »einen Taubenschlag ähnlichen« Riesenkloster der Encarnacion mit etwa 180 Nonnen, die teilweise mit ihren eigenen Dienstboten und Dauerbesuchern das Kloster »belagerten«, mit ihren Neugründungen stille Oasen der Gottesbegegnung gegenübergestellt und so eine konkrete Antwort auf die vorgefundene Not gegeben. Unsere heutige Antwort auf die genannten Streßursachen kann sicher nicht der Rückzug in ein Reformkloster sein, wohl aber die konsequente Ermöglichung von Zeiten und

Orten der Sammlung, um anstelle der lärmenden Stimmenvielfalt der Ideologien einzig auf Ihn zu hören und immer neu die letztlich entscheidende Frage zu stellen: »Was verfügst du zu tun mit mir?« Einer der schönsten Texte aus Teresas Feder (in der deutschen Übersetzung von Erich Przywara) illustriert exemplarisch Teresas Verfügbarkeit:

»Vuestra soy, para Vos nací,
¿que mandáis hacer de mí?«[23]

»Dein bin ich, geboren zu Dir ...
Was verfügst du zu tun mit mir?
Gib mir Reichtum oder Armut,
Gib mir Trost oder Trübsal,
Gib mir Frohlocken oder Trauer,
Süßes Leben, Sonne ohne Schleier,
Da ich ganz mich hingab:
Was verfügst du zu tun mit mir?«[24]

Anmerkungen

* A. Batlogg SJ hat aufgrund des Mitschnitts und der Notizen von Frau Münzebrock vorliegenden Aufsatz erarbeitet, für dessen redaktionelle Fassung er die Verantwortung trägt.

1 Santa Teresa de Jesús, Obras completas. Hrsg. v. E. de la Madre de Dios – O. Steggink. Madrid[6] 1979, 1142.

2 Es handelt sich dabei um einen der damals üblichen literarischen Wettstreite. In Form von satirischer Kritik wird ein bestimmtes Thema diskursiv abgehandelt.

3 Vgl. P.-W. Scheele, Diese Frau hat alles gegeben. Teresa von Avila im Spektrum der Verkündigung und der Dichtung. Würzburg 1983, 80.

4 Zit. nach E. Lorenz, Teresa von Avila, Licht und Schatten. Schaffhausen 1982, 141 f (Das gesamte Vorwort ist dort, 140–151, übersetzt).

5 Vgl. P.-W. Scheele, (s. Anm. 3) ebd. 18.

6 Vgl. U. Dobhan (Hrsg.), Teresa von Avila. Olten [3]1984, 16.

7 Vgl. O. Steggink, Erfahrung und Realismus bei Teresa von Avila und Johannes vom Kreuz. Düsseldorf 1976, 107: »In Wirklichkeit aber war diese affektive Fähigkeit für sie ein Bedürfnis.«

8 Zu kämpfen und zu sterben! Teresas Bruder Hernando gehört zu den Eroberern von Peru, Rodrigo fiel 1557 im Kampf gegen die Indianer in den Anden. Vgl. Teresa von Avila, Wege zum Gebet. Eine Textauswahl. Hrsg. v. I. Behn. Zürich 1976, 30. Vgl. zudem im Anhang des zweiten Bandes der deutschen Gesamtausgabe (315–327) die Angaben über ihre Familie.

9 Der folgende Abschnitt hält sich eng an E. Lorenz (s. Anm. 4) 21–56 (»Die Praxis des mystischen Weges«).

10 Vgl. Francisco de Osuna, Versenkung. Weg und Weisung des kontemplativen Gebetes. Hrsg. v. E. Lorenz. Freiburg[2] 1984, 86–90 (»Die Wasser der Gnade«).

11 Vgl. z. B. 4 Mor. 2, 10 u. 6 Mor. 11, 10. – Unverständlicherweise kommt dieser Zentralbegriff des geistlichen Lebens im neuen »Praktischen Lexikon der Spiritualität« (Hrsg. v. Ch. Schütz, Freiburg 1988) nicht als eigenes Stichwort vor.

12 Vgl. dazu E. Lorenz, Mystische Schmetterlingskunde. Teresas Falter und sein geistiger Lebensraum. In: Geist und Leben 57 (1984) 405–420.

13 O. Steggink (s. Anm. 6) spricht vom »weiblichen Lehramt der Erfahrung«, warnt jedoch davor, Teresa als Protagonistin für den Kampf zwischen den Geschlechtern, als Paradefeministin sozusagen, hinzustellen: »Und so müssen wir zugeben, daß Teresa von Jesus, die Lehrmeisterin der Theologen und Förderin des Dialogs zwischen Theologie und Mystik, recht hat, wenn sie etwas maliziös schreibt: ›Obgleich wir Frauen nicht als Ratgeber taugen, treffen wir doch manchmal das Richtige.‹« (151 f.) – J. Sudbrack (Erfahrung einer Liebe. Teresa von Avilas Mystik als Weg zu Gott, Freiburg 1979) attestiert Teresa, »Emanzipationsarbeit« (26) geleistet zu haben: Sie habe »gezeigt und gelebt, daß die Frau zur eigenständigen, persönlichen Innigkeit fähig ist.« (27)

[14] Poesías: Búscate en Mí. In: Obras completas (s. Anm. 1) 500 f.

[15] Cta. 254: »Vagabunda y inquieta«. Teresa spielt in dem Brief vom 4. 10. 1578 an den Jesuitenpater Pablo Hernández in Madrid auf das entsprechende Diktum des Nuntius an, das in den Obras completas (s. Anm. 1) in einer Fußnote wiedergegeben wird: »fémina inquieta, andariega, desobediente y contumaz« – »ein unruhiges, herumstreunendes, ungehorsames und verstocktes Weib« (vgl. 930).

[16] U. Dobhan, Gott–Mensch–Welt in der Sicht Teresas von Avila. Frankfurt 1978, 393.

[17] Poesías. In: Obras completas (s. Anm. 1) 499.

[18] Vgl. J. Sudbrack (s. Anm. 13) 112.

[19] Poesías. In: Obras completas (s. Anm. 1) 511.

[20] Nach E. Lorenz (»Nicht alle Nonnen dürfen das«. Teresa von Avila und Pater Gracián – die Geschichte einer Freundschaft. Freiburg 1983, 60) gehört dieser Brief zu den schönsten der Weltliteratur.

[21] Zit. nach U. Dobhan (s. Anm. 16) 55.

[22] Poesías: Ya no durmáis (Una profesión). In: Obras completas (s. Anm. 1) 508. Reinhold Schneider hat in seinem Roman über Philipp II. (von 1931, Nachwort 1953) dem Kapitel über Teresa zwei Sätze aus diesem Lied vorangestellt: »Ya no durmáis, no durmáis, / Pues que no hay paz en la tierra.« (Schlaft nicht, schlaft nicht, / Denn es ist kein Friede auf Erden).

[23] Poesías. In: Obras completas (s. Anm. 1) 501.

[24] Zit. nach Gertrud von le Fort, Die Letzte am Schafott. München 1931, 5.

Quellennachweis

Santa Teresa de Jesús, Obras completas (Biblioteca de Autores Cristianos 212). Transcripción, introducciones y notas de Efren de la Madre de Dios y Otger Steggink. Madrid [2]1967 ([6]1979).

Im Artikel verwendete (spanische) Abkürzungen:

Vida	Vida (»Leben«, Autobiographie)
CC.	Cuentas de Conciencias (»Gewissens- [oder Erfahrungs-]berichte«
Cam. de perf.	Camino de perfección (»Weg der Vollkommenheit«)
Cta.	Cartas (Briefe)
F.	Libro de las Fundaciones (»Klostergründungen«)
Mor.	Moradas (»Wohnungen« = Innere [oder Seelen-] Burg).

Alkofer, Aloysius (Hrsg.), Sämtliche Schriften der heiligen Theresia von Jesu. 6 Bde. München 1931–1941 (mit Neudrucken).

Teresa von Avila, Die innere Burg. Hrsg. u. übers. von Fritz Vogelgsang. Zürich 1979.

Teresa von Avila, Wege zum Gebet. Eine Textauswahl. Ausgew. u. übertr. von Irene Behn. Einsiedeln 1976.

Literaturhinweise

Auclair, Marcelle: Das Leben der heiligen Teresa von Avila. Deutsche Übersetzung von Oswalt von Nostiz. Zürich 1953.

Dobhan, Ulrich: Gott–Mensch–Welt in der Sicht Teresas von Avila. Frankfurt 1978.

Ders. (Hrsg.): Teresa von Avila. Gotteserfahrung und Weg in die Welt. Olten [3]1984.

Hinricher, Gemma: Teresa von Avila (1515–1582). In: Ruhbach, Gerhard/Sudbrack, Josef (Hrsg.): Große Mystiker. Leben und Wirken. München 1984, 222–236.

Lorenz, Erika: Teresa von Avila. Licht und Schatten. Schaffhausen 1982.

Dies.: Teresa von Avila. »Ich bin ein Weib – und obendrein kein gutes.« Ein Portrait der Heiligen in ihren Texten. Freiburg 1982.

Dies.: »Nicht alle Nonnen dürfen das«. Teresa von Avila und Pater Gracián – die Geschichte einer großen Begegnung. Freiburg [3]1988.

Dies.: Das Vaterunser der Teresa von Avila. Anleitung zur Kontemplation. Freiburg 1987.

Münzebrock, Elisabeth/Sudbrack, Josef (Hrsg.): Teresa von Avila. Der Dienst des Betens. Einsiedeln/Wien 1983.

Osuna, Francisco de: Versenkung. Weg und Weisung des kontemplativen Gebetes. Ausgew., übers. u. eingel. von Erika Lorenz. Freiburg ²1984.

Scheele, Paul-Werner: Diese Frau hat alles gegeben. Teresa von Avila im Spektrum der Verkündigung und der Dichtung. Würzburg 1983.

Steggink, Otger: Erfahrung und Realismus bei Teresa von Avila und Johannes vom Kreuz. Düsseldorf 1976.

Sudbrack, Josef: Erfahrung einer Liebe. Teresa von Avilas Mystik als Begegnung mit Gott. Freiburg 1979.

Josef Sudbrack

Der Christ von morgen – ein Mystiker?

Karl Rahners Wort als Mahnung, Aufgabe und Prophezeiung*

Wohl kein Wort *Karl Rahners*[1] wird so oft zitiert wie dieses: »Der Fromme der Zukunft wird ein Mystiker sein, einer der Gott erfahren hat, oder er wird nicht mehr sein.« Um von vorneherein jede esoterische oder mystizistische Mißdeutung abzuwehren, sei die Präzisierung erwähnt, die Rahner schon 1966 machte, als er diesen Satz zum erstenmal schrieb: daß nämlich Mystik »recht verstanden kein Gegensatz zum Glauben im Heiligen Pneuma ist, sondern dasselbe«.

Noch öfters äußerte er sich ähnlich. So zum Beispiel: »Man hat schon gesagt, daß der Christ der Zukunft ein Mystiker sei oder nicht mehr sei. Wenn man unter Mystik nicht seltsame parapsychologische Phänomene versteht, sondern eine echte, aus der Mitte der Existenz kommende Erfahrung Gottes, dann ist dieser Satz sehr richtig und wird in seiner Wahrheit und seinem Gewicht in der Spiritualität der Zukunft deutlicher werden.« Oder anderswo: »Die Mystiker sind nicht eine Stufe höher als die Glaubenden, sondern Mystik in ihrem eigentlichen, theologischen Kern ist inneres, wesentliches Moment des Glaubens.«[2]

Es geht dem 1984 verstorbenen katholischen Theologen also weder um absonderliche noch um elitäre Erlebnisse; man darf die von ihm gemeinte Mystik auch nicht an der Zen-Erleuchtung oder an psychologischen High-Erfahrungen wie den Peak-Experiences *Maslovs*[3] messen. Es geht *Rahner* einfachhin um das, was er anderswo Glaubenserfahrung nennt; eine Erfahrung Gottes, die aus der Mitte der

Existenz kommt; eine Erfahrung, die daher ganz selbstverständlich ökumenisch ist, jeden Christen betreffen sollte. Das Defizit von Theologie und Kirche gerade in diesem zentralen Anliegen ist – leider – auch ein ökumenisches Problem.

Vor kurzem schrieb der evangelische Neutestamentler Klaus Berger hierzu in der »Frankfurter Allgemeinen Zeitung«: »Theologen gleichen oft Menschen, die vor riesigen Schätzen sitzen, aber ihre Zeit mit Fingerhakeln zubringen. Die Postmoderne hat mit der Frage nach Religion auch die nach Spiritualität und Frömmigkeit wiederentdeckt. Theologie täte gut daran, darauf zu reagieren, einmal weil sie sich um ihre Grundfragen kümmern und nicht davor in die gleichermaßen durch Sprachlosigkeit gezeichneten Geschwisterphänomene der Sozialethik und des Dogmatismus ausweichen sollte; zum andern, weil sonst angesichts der besonders im Norden Deutschlands verbreiteten okkultistischen Richtungen den theologisch ausgebildeten Pfarrern bald die Augen übergehen werden.«[4]

Wir werden zuerst das von *Karl Rahner* Gemeinte skizzieren. Das wird uns von selbst in die Tragweite seiner Aussage für heute hineinführen.

Einheit von Theologie und Glaube, von Sprechen und Erfahren

Karl Rahner als Person ist in seiner christlichen Menschlichkeit für diese Prognose des »Christen von morgen als Mystiker«, für das Unterwegssein zu dem Christen der Zukunft ein beeindruckender Zeuge. Oft beklagt man sich über seinen schwierigen Sprach- und Schreibstil. Diese Klage ist nicht völlig unberechtigt; darüber wird noch zu sprechen sein. Aber man sollte doch schon aufhorchen, wenn man erfährt, daß die »Deutsche Akademie für Sprache und Dichtung« eben diesem *Rahner* 1973 den *»Sig-*

mund-Freud-Preis für wissenschaftliche Prosa« verlieh: »Der Meister des literarischen Wortes hat ein neues Gehör für das Wort der Religion ermöglicht.«[5]

Um hinter den vermeintlichen Gegensatz von »Meister des Wortes« und unverständlichem Theologen zu kommen, muß man hinter oder in der Grammatik und der Logik der *Rahner*-Texte den sprechenden, predigenden, meditierenden *Rahner* zu hören versuchen; das meint heute, da er nicht mehr unter den Lebenden weilt, primär ihn als Person in seinem gedruckten Wort[6] suchen. Wer ihn noch in freier Rede erleben durfte – böse Zungen schlugen vor, ihm sein oft mühsam erarbeitetes Manuskript wegzustibitzen, um ihn dazu zu zwingen –, weiß, was ich meine. *Karl Rahner* lebte, dachte und machte Erfahrungen im Sprechen. Man spürte sein verantwortliches Ringen um das rechte Wort; ihm war die Sprache weniger Hilfsmittel, um vorher erdachte Gedanken nun hörbar zu machen. Er erlebte die Sprache als sein eigenes Ich – so wie andere vielleicht ihren Körper erleben; er lebte in und aus der Sprache[7]. Das Haus der Sprache war ihm Heimat und Atmosphäre seiner Existenz. Was einem beim stillen Nachlesen kompliziert vorkommen mag, wird auch heute über ein Hinein- und Mit-Fühlen – am besten indem man seine Sätze laut spricht und nicht nur bedenkt – schnell zu einem Ereignis: Ja, so wächst eine Einsicht, ein Gedanke, eine Erfahrung! *Karl Rahners* Meisterschaft des Wortes macht nicht zum geringsten Teil sein religiös-philosophisches Genie aus. Er verstand es, in der Sprache etwas von der Einheit seines inneren Erlebens mit der Redlichkeit seines Denkens hörbar zu machen. Und dies spürte das Komitee, das ihm den *Sigmund-Freud*-Preis verlieh.

Und ebenso wie die Sprache, in der er dachte und erlebte, war ihm die Theologie Kleid, Raum, ja Leib seines glaubenden Erlebens. Das alte Wort des *Evagrios Pontikos,* in dem Beten und Theologisieren gleichgesetzt werden[8], gilt für keinen Theologen so sehr wie von ihm. Bekannt ist sein

Satz: »Ich bete, deshalb glaube ich«[9] – man muß ihn fortsetzen: »... deshalb treibe ich Theologie.« Ein kleines Wort aus seiner Feder möge diese Einheit von Theologie und Erfahrung hörbar und spürbar machen und uns zum betenden Nachvollzug anregen:

> »Inmitten der nahen Unbegreiflichkeit Gottes zu wohnen, von Gott so geliebt zu werden, daß die erste und letzte Gabe die Unendlichkeit und Unbegreiflichkeit selber ist, das ist erschreckend und selig zumal.
> Aber wir haben keine Wahl. Gott ist mit uns.«[10]

Mit dieser Einheit von Theologie, Gebet und Leben ist ein erster Wesenszug der *Rahnerschen* Konzeption von Mystik ausgemacht. Erst aus ihr wird auch sein persönliches theologisches Arbeiten verständlich. Ein, wenn nicht gar *der* Mangel unserer augenblicklichen Theologie liegt darin, daß sie sich in vermeintlich strenger Wissenschaftlichkeit von allem subjektiven Ergriffensein distanziert und in geschlossene Systematik oder – nach Klaus Berger – in kontroverses »Fingerhakeln« hineinflüchtet. »Ergriffensein« gehöre nur in den Vollzug, in die Spiritualität – sagt man. Die theologische Wissenschaft setze zwar (vielleicht) den Glauben als eine angenommene These voraus; doch von der inneren Ergriffenheit müsse sie abstrahieren, um in wissenschaftlicher Objektivität Theologie zu treiben. Die gegenwärtige Diskussion um *Eugen Drewermann* hat die Fraglichkeit einer solchen Theologie wieder deutlich gemacht[11].
Anders gesagt: Im Bereich von Mathematik oder Naturwissenschaft (auch dort stimmt es nicht uneingeschränkt) kann und soll der Forscher von seiner Subjektivität abstrahieren. Je mehr es sich aber um das Eigentliche handelt, »was uns, was mich letztlich, unbedingt angeht« (Paul Tillich), desto mehr muß die Eigenpersönlichkeit des Forschers in sein Argumentieren eintreten, desto mehr muß er betroffen sein von den Nöten und Ängsten der Zeit. Wissenschaftliche Redlichkeit *darf* jetzt nicht mehr vom eige-

nen »Ich« und vom gemeinsamen »Wir« abstrahieren; sie mißt sich nicht an einer vermeintlichen Voraussetzungslosigkeit, sondern bekennt sich zum eigenen (sozialen, persönlichen, biblischen) Engagement und ist dann natürlich stets bereit, sich zu überprüfen und sich auch von fremden Meinungen in Frage stellen zu lassen; das Maßnehmen an der Tatsächlichkeit, das Hinhören in dialogischer Offenheit gehört zum Ethos des Forschers, muß aber einen Menschen treffen, der schon vorher von der Sache betroffen ist.

Der marxistische Germanist und Literat *Joachim Seyppel* hat dies in seiner Analyse von Mystik-Texten gezeigt: »Bei Mystik entfällt das Objekt, wenn wir es auftrennen. Formalanalyse ist dann nicht nur gegen die Absicht, sondern gegen das Sein von Mystik als Schrifttum gerichtet. Der Untersuchende wird selbst zum Teil des Untersuchten. Als Teil des Untersuchten muß er sich selbst mit in die Untersuchung einbeziehen, will er des Objektes nicht verlustig gehen: Glaubst du, daß Christus als Allegorie verstanden werden darf, oder glaubst du, daß er realistisch verstanden werden muß? Je nach der Antwort verändert sich für den Antwortenden das untersuchte und befragte Objekt. Wo Forschung auf Bekenntnis beruht, hat der Forscher eigentlich sein Recht verloren. ›Reine‹ Forschung wird unmöglich.«[12]

Solche Einsichten müßten nach *Hans-Georg Gadamers* Buch »Wahrheit und Methode« eigentlich selbstverständlich geworden sein. Für die analytische Psychologie hat *Marie-Louise von Franz,* die wohl prominenteste *C.-G.-Jung*-Schülerin, in Kritik an der *Freudschen* Psychoanalyse[13] gezeigt, daß ein Analytiker, der sich abschirmt gegen die Empathie mit dem Patienten (gegen Projektionen), die Aufarbeitung der Krankheit behindere.

Karl Rahner nun theologisierte niemals ohne seine Subjektivität, sein Betroffensein, sein Engagement. Er dachte mit dem Herzen und hat dieses Mit-dem-Herzen-Denken in brillanter Intelligenz und wissenschaftlicher Redlichkeit denkerisch hinterfragt und systematisch gestaltet. Diese Einheit von Kopf und Herz ist Schlüssel zum Geheimnis seines weltweiten Einflusses. Er dachte in intellektueller Redlichkeit, und man fühlte sich als Mensch von ihm verstanden und ernst genommen – ganz gleich, ob man suchender Atheist, fromme Ordensschwester oder jugendlicher Strafgefangener im Wiener Jugendheim der Caritas war. Hierin unterschied er sich von anderen zeitgenössischen Theologen, die vielleicht denkerisch brillanter, systematisch stärker oder historisch wissender zu sein schienen; und hier liegt ein erster Zug seiner Mystik.

Doch es wäre ein Irrtum, *Rahner* nun historisches Schmalspurwissen über die Mystik zuzuweisen. Gerade für die Mystik ist das Gegenteil der Fall. Seine ersten wissenschaftlichen Arbeiten gingen über die geistlichen Sinne bei *Origenes* und *Bonaventura*, über die geistliche Lehre des *Evagrios* usw. Das bis jetzt noch nicht weitergeführte Standardwerk »Aszese und Mystik in der Väterzeit«[14] weist ihn als einen der besten Kenner der Frömmigkeitsgeschichte aus. *Klaus P. Fischer*[15] (mit theologisch-spekulativer Durchdringung) und *Karl H. Neufeld*[16] (mit wichtigen Daten der Frühzeit) haben gezeigt, wie sehr diese mystische Grundhaltung *Karl Rahners* Theologie durchzieht. Aus eigener Geschichte kann ich eine Anekdote beisteuern. *Rahner* war nämlich außer Spezialisten der einzige unter den hochgebildeten Theologen, der mit dem Thema meiner Doktorarbeit etwas anfangen konnte und dann über das Ergebnis dieser Arbeit, das meinen Doktorvater sehr enttäuschte, schmunzelte: *Johannes von Kastl*[17] war ein zwar sympathischer, aber dennoch viel- und abschreibender spätmittelalterlicher Mönch, aber keineswegs, wie ich beweisen sollte: »eine Spätblüte deutscher Mystik«.

Für *Karl Rahner* war das Thema Mystik kein Stoff distanzierter Forschung, sondern Lebensvollzug, der ihn in seiner religiösen Existenz anforderte. Was er einmal niederschrieb, gilt nach dem Zeugnis aller, die ihn kannten, ihm in seiner Theologie persönlich: »Es gibt nun einmal im Bereich der Existenz Wirklichkeiten, die nur in der Entscheidung für sie als wirklich und als ›wahr‹ und als ›gewiß‹ erreicht werden können. Solange jemand diese freie Zustimmung zu dieser Wirklichkeit verweigert und nur über sie theoretisiert, ist er für sie blind. Man kann aber nachweisen, daß es Wirklichkeiten geben muß, die sich nur in ihrer eigenen Wirklichkeit zeigen können, wenn man sich ihnen im freien Entschluß anvertraut.«[18]

Wiederum: Dies gilt vor allem für das Thema »Mystik«. In diesem Sinn, der persönliches Betroffensein und freie Zustimmung impliziert, ist die Mystik, wie *Klaus P. Fischer* kürzlich noch einmal zeigte[19], das Herzstück der Theologie *Karl Rahners.* Man mag noch andere Namen für dieses »Herzstück« wählen; doch er selber nannte es oft genug Mystik.

Transzendentale Verwiesenheit und Mystik

Dieser Einheit von Betroffensein, Denken und freiem Entscheid, die eine solche Mystik ausmacht, hat *Karl Rahner* mit der philosophisch-theologischen Grundthese seines Denkens, der transzendentalen Erkenntnis, begriffliche Präzision gegeben: Der Mensch ist nicht nur seinsmäßig Geschöpf Gottes, ist nicht nur bleibend von Gott abhängig, sondern auch in seiner Dynamik, im Denken, Wollen und Tun, in seinen seelischen Regungen und sinnenhaften Erfahrungen, in seiner Existenzmitte grund-bezogen auf Gott. Dem denkerischen, objektiv-theologischen Satz: Ich bin ein Geschöpf Gottes, entspricht eine subjektive Erfahrungstiefe: Meine Existenz-Dynamik geht auf Gott; all mein menschliches Regen, besonders aber meine Erfahrung, entspringt aus diesem Bezogensein. Das Sachwissen: Gott ist der Grund meines Seins, wird zum Vollzug: Gott ist Wurzel, oder richtiger gesagt: Ziel – *Rahner* nennt es »Worauf-

hin« –, das all mein Denken und Wollen formt. Aber hören wir ihn selbst:
»(Transzendenzerfahrung) besteht darin, daß Erkenntnis und Freiheit des Menschen immer schon über den einzelnen Gegenstand der inneren und äußeren Erfahrung hinausgreifen, daß dieser Vorgriff die Bedingung der Möglichkeit gegenständlicher Erkenntnis und Freiheitstat ist, daß er über jeden angebbaren Gegenstand hinaus schlechthin unbegrenzt ist, weil jede denkbare Begrenzung, indem sie gedacht wird, schon wieder überschritten ist. Insofern die Erfahrung der Transzendentalität des Menschen sich ... durch ihr Woraufhin getragen erfährt und weiß, daß das Nichts – nichts ist, kann dieses Woraufhin der Transzendenz nur als die unendliche, unumfaßbare, radikal Geheimnis bleibende Wirklichkeit, als Gott gedacht werden.«[20]
Diese Grundeinsicht findet sich allüberall auch in der klassischen alten Theologie (wenn auch in anderer Wortgebung und Bildhaftigkeit). *Rahner* hat dies schon in seiner Doktorthese[21] über *Thomas von Aquin* und dann später ausführlich in seinem »Grundkurs des Glaubens«[22] erarbeitet. Man könnte als Kronzeugen der Vergangenheit z. B. *Gregor von Nyssa* erwähnen, der den Menschen von der Gottes-Ebenbildlichkeit her versteht und ihn zur »Gottgleichheit« (nicht aus Natur, sondern aus Gnade – wie das Axiom der Väterzeit lautet[23]) führen will; oder an *Meister Eckhart*[24], dessen bis zur letzten Schärfe durchgeführte Spekulationen vom Seelengrund als etwas Göttlichem nur deshalb in alter und moderner Oberflächlichkeit als Pan(en)theismus gedeutet wird, weil man das dynamische Denken des Dominikaners statisch mißversteht. Auch er lehrte – allerdings mit unerbittlicher Konsequenz –: Bis in die letzte Faser seiner Existenz, besonders im Vollzug seiner Personalität, im »Seelenfunken«, ist der Mensch nichts als Abhängigkeit von Gott. Je mehr er dies vollzieht, desto tiefer wird er zugleich eins mit Gott und findet sich in seiner von Gott gewollten, selbständigen personalen Würde.

Dies entspricht der transzendentalen Theologie *Karl Rahners* vom Menschen, der sein Wesen, sein totales Bezogensein auf Gott vollziehen müsse, um ganz und gar Mensch zu sein. Auch aus der Sicht *Eckharts* muß man *Rahners* Theologie den Namen Mystik geben. Künftigen Untersuchungen harrt hier ein weites Feld.
Wir können diese Grundthese *Karl Rahners* tiefer verstehen und würdigen, wenn wir zwei Einwürfen gegen sie nachgehen.

Theologisches Existential

Wird mit dieser, dem Menschen zugewiesenen, wesenhaften »transzendentalen Verwiesenheit auf Gott« nicht das Geschenk der freien Gnade Gottes zur Farce? Statt Geschenk, statt freie Gnade Gottes stehe bei *Rahner* eine notwendige, vom Wesen her gegebene, also einforderbare Erfüllung des Menschen durch Gott. Statt eines Gottes, der dem Menschen entgegenkommt, postuliere *Rahner* einen Gott, der aus immanenten menschlichen Erfahrungen herauswächst. Kein Geringerer als *Hans Urs von Balthasar,* aber auch der evangelische Theologe *Wolfhart Pannenberg,* haben an *Karl Rahner* solche Fragen gestellt[25]. Die christliche Lehre von Sünde und Schuldverhaftung des Menschen, also der völligen Abkehr des Menschen von Gott, spreche noch deutlicher gegen *Rahners* grundsätzliche (also auch im Sünder lebende) »transzendentale Verwiesenheit« des Menschen auf Gott.
Doch hören wir *Rahner* selbst: »Die Bewegung des endlichen Geistes auf Gott hin so, daß Gott selber Inhalt und Ziel dieser Bewegung wird ..., muß von Gott selbst getragen sein. Insofern der Christ dieses sein Urvertrauen, weil es faktisch unbedingt ist und Gott selbst will, getragen weiß durch Gott selbst, nennt er diese ihm innerlichste Bewegung seiner Existenz auf Gott hin durch Gott ›Gnade‹, ›Heiliger Geist‹.«[26]

Es sind also weder die Möglichkeit menschlicher »Selbsterlösung« noch eine in der Veranlagung des Menschen liegende Forderung, die ihn auf Gott ausrichten, sondern es ist Gottes Geist selbst, der im Menschen, auch im Sünder, eine unendliche Sehnsucht nach Gott weckt. Eine solche Beziehung läßt sich aber begrifflich wohl nur in logischer Widersprüchlichkeit aussagen: sich selbst, aus dem Kern seiner Existenz, auf Gott hin bewegen und doch und gerade deshalb ganz und gar von Gottes freiem Geschenk getragen sein, sich selbst sein durch totale Abhängigkeit (*Teilhard de Chardin* spricht von Zentration durch Exzentration und erkennt darin das Wesen der Liebe). *Rahner* spricht davon anderswo einfachhin als von Liebe. Er zeigt, daß diese menschliche Ur-Erfahrung tatsächlich die Paradoxie des Selbstwerdens durch Abhängigsein berührt: Der Mensch bleibt »in seinem Selbstverständnis, das sein Menschsein auszeichnet, von Gott abhängig ..., (kann) also Gott nie als ein verfügbares Element in dieses Selbstverständnis einbauen«. Doch er kann sich dieser »innersten Mitte seiner Person« hingeben; und das heißt Liebe. In ihr »läßt sich also der Mensch auf das Abenteuer seiner eigenen, ihm zunächst verhüllten Wirklichkeit ein.«[27]
Es ist hier nicht der Platz, den zahlreichen Implikationen dieser Überlegungen[28] nachzugehen. Für unser Thema einer christlichen Mystik der Zukunft bedeuten sie aber, daß Mystik kein intellektueller Überschwang, keine titanische Selbstverwirklichung des Menschen, sondern im Grunde nichts anderes ist als der Wesensvollzug des Menschlichen: »wo in letztem Urvertrauen ein bergender Sinn des Lebens überhaupt frei angenommen wird«, realisiert der Mensch, daß er »getragen (ist) von einer vorgängigen, unthematischen, transzendentalen Bezogenheit (seiner) ganzen Geistigkeit auf die ungreifbare Unendlichkeit hin.«[29]
Diese »Ekstase« in die Unendlichkeit geht auf den lebendigen Gott. Der Mensch tritt total aus sich heraus, und das entspricht der selbstlosen Liebe, dem Gipfel der Mensch-

werdung. »Nur wo wirklich das unbegreifliche Geheimnis selbst geliebt wird, wo die Erkenntnis über sich hinausgehoben ist und Erkenntnis und Liebe wirklich durch diese Ekstase in das Geheimnis hinein nicht mehr zu sich selbst zurückkehren, ist diese letzte und größte Gefahr gebannt, aus dieser Lehre noch einmal eine sublime Gnosis zu machen, in der der Mensch sich nochmals mit Gott verwechselt.«[30] Mit »Gnosis« meint *Karl Rahner* hier den sublimen, oft kaum erkennbaren Vollzug der Selbsterlösung.
Bevor wir den theologischen, christlichen Grundlagen der »transzendentalen Erfahrung« weiter nachgehen, soll ein zweiter Einwurf uns tiefer in das Verständnis einführen.

»Anonymer Christ«

Schon früh machte sich *Hans Küng*[31] zum Sprecher des anderen, oft vorgebrachten Einwurfs. In »Theologie im Aufbruch«[32] hat er 1987 *Rahners* Denken noch radikaler als »spekulativen Ausweg« abgewertet. Für die Konservativen behalte *Rahner* die Dogmen »noch wörtlich und buchstäblich bei«, für die Progressiven aber interpretiere er »nicht selten ... de(n) ganzen Wortlaut um«. (Klammern im folgenden von *H. Küng)* »Daß Rahner sich in der Unfehlbarkeitsdebatte auf die Seite der Kurie schlug ..., macht ihn nachträglich für jedermann als letzten großen (und anregenden) Neuscholastiker kenntlich.« *Küng* verifiziert seine These des »spekulativen Auswegs« an dem oft angegriffenen *Rahnerschen* Theologumenon vom »anonymen Christen«: »Da werden z. B. aus all den Häretikern und Schismatikern, den Juden, Muslimen, Hindus und gar Atheisten (guten Glaubens), die nach dem unfehlbar definierten Dogma ›Außerhalb der Kirche kein Heil‹ ins ›ewige Feuer‹ gehen müssen, plötzlich ›anonyme Christen‹, die samt und sonders schon zur (römisch-katholischen) Kirche gehören und (selbstverständlich) das ewige Heil erlangen können.«

In dieser Ironie liegt eine bei einem Theologieprofessor kaum verständliche Fehldeutung, die nur aus persönlicher Verletztheit zu erklären ist. Mit den oft diskutierten »anonymen Christen« hat nämlich *Rahner* nur die These von der »transzendentalen Verwiesenheit« des Menschen auf Gott hin zu Ende gedacht. In der »vorgängigen, unthematischen, transzendentalen Bezogenheit unserer ganzen Geistigkeit auf die unbegreifbare Unendlichkeit hin«[33], deren Anonymität der Christ als Gott erkennt, hat nach *Rahner* der Mensch seine Herzmitte vor allem ausdrücklichen Sprechen von Gott und Offenbarung. Sie liegt noch vor Dogma oder bekenntnishaftem Unglauben, vor allem, was objektiv zu greifen und zu umschreiben ist, also auch vor Kirche, Sakrament, Wort, und selbst auch vor der geschichtlichen Existenz Jesu. Hier – das ist *Rahners* These und eine in der von *Küng* apostrophierten römisch-katholischen Kirche unbestrittene christliche Wahrheit – verwirklicht sich das Wesen des Menschen. Und hier entscheidet sich sein ewiges Heil; nicht in Dogmen und Spekulationen, nicht in ausdrücklichen Glaubensbekenntnissen, nicht auf der Ebene, die dem logischen Ja-und-Nein-Denken offensteht, sondern dort, wo sich das innerste Wesen des Menschen auf die Unendlichkeit Gottes hin bezieht, ethisch ausgedrückt: im Gewissen begegnet jeder Mensch Gott.
Anstößig kann nur werden, daß *Rahner* dieses Innerste, wo sich das Heil eines jeden Menschen entscheidet, an Jesus Christus bindet. Deshalb spricht er vom »anonymen Christen«, und nicht nur vom Menschen im allgemeinen, der auf was für Wegen auch immer sein endgültiges Ziel erreicht. Doch die Heils-Rolle Jesu Christi ist ein auch von *Küng* unbestrittenes Wesensstück des Christentums. Man kann mit noch so radikaler Exegese diesen Endgültigkeits- und Absolutheits-Anspruch nicht aus der Gestalt Jesu Christi eliminieren. Wer ihn als irrig aufzeigt, muß damit auch das Evangelium verwerfen. Dieser Endgültigkeitsanspruch Jesu ist im Ich-bin-Wort des Johannesevangeliums (10,9) be-

wahrt: »Ich bin die Tür zu den Schafen. Alle, die vor mir kamen, sind Diebe und Räuber.«

Rahners These vom »anonymen Christen« gibt dem christlich selbstverständlichen Glauben an das Heil, das Gott allen Menschen in Jesus Christus schenkt, theologische Begrifflichkeit. Man kann kritisieren, daß das Wort »anonymer Christ« für Nicht-Glaubende, aber vom Gewissen her lebende Menschen ungeschickt ist. Aber nicht daran zweifeln kann man, daß das Christentum mit dem Absolutheitsanspruch Jesu steht oder fällt.

Und dann sollte man auch sehen, daß jede Weltanschauung Entsprechendes für sich in Anspruch nimmt – ob sie dies in dogmatischen Sätzen formuliert oder in vermeintlicher Liberalität, aber tatsächlicher Geringschätzung der historischen Religionen behauptet: Die eigene Weltsicht und damit die Wahrheit liege jenseits der religiösen, konfessionellen Engstirnigkeit. In dieser Vielfalt der Religionen könne sich zwar – anonym! – die letzte, alles überspannende Wahrheit verbergen; aber als ausformulierte Dogmatik versperre der konfessionelle Anspruch den Weg zum letzten Sinn. Verbergend meine auch eine solche »Weltanschauung«, daß all die anderen Gutwilligen, die noch im Konfessionalismus der Religionen verstrickt sind, im Grunde »anonyme Liberale« seien. In der Diskussion mit dem Zenbuddhismus ist tatsächlich auch das Wort gefallen, daß die Christen eigentlich »anonyme Buddhisten« sind. So deutet z. B. Shizutera Ueda Meister Eckhart – und dies, aus seiner Sicht, mit gutem Recht.

Karl Rahners Ausdeutung der »Mystik« als intensive Transzendenzerfahrung des Menschen und von »christlicher Mystik« als »Erhöhung und Befreiung der Transzendenzerfahrung durch die Gnade als erfahrene Selbstmitteilung Gottes«[34] schlägt also für jedem Gutwilligen eine Brücke zwischen zwei christlichen Grundeinsichten: daß nämlich Gottes Gnade jedem Menschen gilt und daß diese Gnade nur in Jesus Christus geschenkt ist. Schon das zeigt, wie sehr seine These einen freien Dialog mit der Mystik der Weltreligionen ermöglicht.

Mystische Erfahrungen und Mystik des wahren Gottes

Für *Karl Rahner* ist es daher »dogmatische Selbstverständlichkeit«, daß »Christus im nichtchristlich Glaubenden (und somit in den nichtchristlichen Religionen) ... gegenwärtig und wirksam (ist) durch seinen Geist.«[35] Der theologische Grund für diese – auch vom Zweiten Vatikanischen Konzil mitgetragene – Zuversicht liegt, wie gezeigt, in der »transzendentalen Erfahrung«; denn nach ihr ist der Mensch schon vorgängig zu allem, was er formuliert und für wahr hält, offen zum wahren Gott. In dieser Mitte wird er auch von Gottes ewigem Heilswillen berührt, der in Jesus Christus sichtbar und wirkend geworden ist. Darüber noch am Schluß. Für *Rahner* gibt es keinen Zweifel, »daß jene Mystik, die von der christlichen Theologie als eigentliche Gnadenerfahrung mit Recht interpretiert wird, auch außerhalb des institutionellen Christentums gefunden werden kann und muß ... Jedenfalls aber verbietet die christliche Dogmatik dem Religionswissenschaftler nicht a priori, gnadenhafte Mystik in der Erfahrung der Selbstmitteilung Gottes durch eine vom Heiligen Geist radikalisierte Transzendentalität des Menschen auch außerhalb des Christentums zu entdecken.«[36]

Was aber macht eine Erfahrung aus, die nicht bewußt auf den Gott Jesu Christi bezogen ist und doch den wahren Gott (Jesu Christi) meint? Wenn der ausdrückliche Bezug auf den Gott des Christentums nicht mehr das Kriterium für wahre Gottesmystik ist, was denn sonst? Begegnet jede als »Mystik« deklarierte und sich als »Mystik« ausgebende Bewußtseinserweiterung – wenn sie nur ernsthaft und tief ist – dem wahren Gott? Etwa folgende, an der der Benediktiner *Steindl-Rast* den Kern aller Mystik erläutern möchte:

»Dann ganz plötzlich, nach einem Augenblick der Ruhe, bildeten Erde, Himmel, Baum, windzerzaustes Gras und das Kind inmitten von all dem in einem pulsierenden Bewußtseinsstrahl eine lebendige Einheit. Bis zum heutigen Tag kann ich mich an dieses schwerelose Bewußtsein erinnern, das alles für das Ganze empfand – ich in all dem und all das in mir und wir alle zusammen in einer warmen, leuchtenden Hülle von Lebendigkeit.«[37]

Die Antwort *Rahners* führt uns weiter in seine Konzeption von Mystik als intensive »transzendentale Erfahrung« ein und bringt eine wichtige Unterscheidung. Auch *Karl Rahner* fragt, »ob es nicht Erfahrungen gibt, die man einerseits ... in irgend einem Sinn als ›mystisch‹ qualifizieren kann oder muß, und die anderseits doch nicht als Erfahrung übernatürlich-gnadenhafter Mystik ... angesprochen werden können«.[38] Er spricht dabei von »Naturmystik« oder ähnlichem, die nicht Gott meint und doch den Namen »Mystik« verdient. Einige solcher mystischen Erfahrungen zählt er auf: »Die Erfahrungen des Menschen von seiner Leiblichkeit, von seinem biologisch-physiologischen Habitus, von seinem Unterbewußtsein, seinem Tiefenbewußtsein, von kollektiven Archetypen, von einem ›es‹ in seinem Bewußtsein, von einer Eingebettetheit seines Bewußtseins in eine kollektive Wirklichkeit.«[39]

Steindl-Rast beschreibt also nach *Rahner* diese »Naturmystik« und nicht ohne weiteres schon eine »Mystik des lebendigen Gottes«. Man kann Entsprechendes zur Selbst-Erfahrung sagen, in der alle erkennenden und gewollten Objektivationen zurückgenommen sind in einen Zustand, der das Bewußtsein in sich selbst ruhen läßt[40]. Was aber ist nun die Eigengestalt einer Gottesmystik im Unterschied zur Natur- und Selbstmystik?

Sie sollte – für unseren Fragestand – nicht primär in formulierten Aussagen, in Begriffssystemen, im Gebäude religiöser Wahrheit zu fixieren sein. Mit solchen »Objektivationen« kann ein Mensch – bewußt oder unbewußt – auch

Egoismus und Gottferne verkleiden. Man kann etwas Gott nennen, was in Wirklichkeit Mammon ist. Die Geschichte der Mystik[41] kennt sogar Fälle von dämonischer Mystik in Gestalt des wahren Gottes. Man kann auch umgekehrt – wie christliche und nichtchristliche Mystiker – von »Nichts« sprechen und doch die Fülle des alles übersteigenden, göttlichen Lebens meinen.

Karl Rahner sucht die Kriteriologie – ganz im Sinne der klassischen Lehre von der Unterscheidung der Geister – in der Subjektivität des Menschen, aber nicht schlichthin, wie *Steindl-Rast,* in Bewußtseinserweiterung oder -verschmelzung. Wie trügerisch ein solches Kriterium sein kann, sollte man von Drogen-Mystik und ähnlichen Phänomenen her wissen.

Rahner setzt in aller Behutsamkeit tiefer an: »Überall dort, wo ein letzter radikaler Selbstvollzug des Menschen in Geist und Freiheit geschieht und so der Mensch in Endgültigkeit über sich verfügt, darf angenommen werden, daß ein solcher Selbstvollzug, der auch, wenn auch nicht allein, in einer mystischen Transzendenzerfahrung geschehen kann, faktisch auch immer durch das getragen wird und radikalisiert ist, was man in christlicher Theologie Heiliger Geist, übernatürliche Gnade, Selbstmitteilung Gottes nennt, auch wenn diese Gnade(n)getragenheit als solche selbst in diesem Vorgang nicht reflektiert und thematisiert wird.«[42] Das meint: Wo der Mensch zu sich selber, in seiner eigenen endlichen Schwachheit ja sagt, also etwas Endgültig-Absolutes zu seinem nicht-absoluten Sein sagt, bejaht er die eigene Offenheit auf das Absolute und Größere, verankert er sein Selbst in Endgültigkeit, bejaht er auch die Ewigkeit Gottes. Das deckt sich mit den Beschreibungen *Rahners* von Mystik, die wir an den Beginn unserer Ausführungen setzten und weiterentwickelten; nämlich Mystik als »echte, aus der Mitte der Existenz kommende Erfahrung«, eine Erfahrung, die den Glauben nicht übersteigt, sondern ein »inneres, wesentliches Moment des Glaubens« selbst darstellt, »wo im letzten Urvertrauen ein bergender Sinn des Lebens überhaupt frei angenommen wird«; eine Erfahrung, in der das Urvertrauen des Menschen neu und frei in voller Bewußtheit der eigenen Endlichkeit vollzogen wird. *Eugen Drewermann,* vom Psychologischen her kommend, bestärkt *Rahners* These, daß ein solches frei vollzogenes und bejahtes Urvertrauen in letzter Konsequenz nur im Angesicht des personalen Gottes möglich ist.[43] Ganz gleich, was der Mensch beweisend und analytisch mit dieser vertrauenden Selbstbejahung verbindet, er hat in ihr die Wirklichkeit des lebendigen Gottes erreicht und damit auch Gottes Wollen und Tun, sich in Christus den Menschen zu schenken.

Für *Karl Rahner* trägt das, was sich in jedem christlichen Leben ereignen kann und ereignen soll: nämlich die ehrliche und hoffende Annahme seiner eigenen Existenz[44], aus sich schon Züge der »Mystik«; denn es ist nur in einem Urvertrauen möglich, das aus eigener Dynamik in Gott verankert ist. Wo also einer vertrauend und bewußt sich in seiner Endlichkeit, in seinem Sterben absolut annimmt, geschieht eine Art von Gottesmystik. Wo es ganz und voll-bewußt geschieht, geschieht Mystik in vollem Sinn: »Der einsame Christ im schweigenden Gebet, in der letzten, von niemandem mehr belohnten Gewissensentscheidung, in der unbegrenzten Hoffnung, die sich an keine einzelne kalkulierbare Versicherung mehr halten kann, in der radikalen Enttäuschung des Lebens und in der Ohnmacht des Todes, so diese nur willig vorgelassen und hoffend angenommen wird, in der Nacht der Sinne und des Geistes ... macht die Erfahrung Gottes und seiner befreienden Gnade, vorausgesetzt nur, daß er diese eben nur angedeuteten Erfahrungen annimmt und ihnen nicht in einer letztlich schuldhaften Angst davonläuft, er macht diese Erfahrung, selbst wenn er sie nicht noch einmal interpretieren und theologisch etikettieren könnte.«[45]

Schematisch ausgedrückt: *Karl Rahner* sucht den existen-

tiell-psychologischen Niederschlag einer wahren Gottesmystik in der existentiellen Tiefe – man darf vorsichtig verdeutlichen: in der metaphysischen Psyche – des Menschen. Dort aber beschreibt er sie als ein Grundvertrauen, das die eigene Endlichkeit mit einem vorbehaltlosen, absoluten Ja annimmt und damit – das meint Vertrauen – in Absolutheit und Unendlichkeit verankert.
Man kann diese These auch in anderer Sprache über die Erfahrung von Liebe u. ä. entwickeln. *Karl Rahner* wählt, als Theologe, meist die eben entfaltete metaphysische Sprache. Für uns aber ist wichtig, daß für den Mystik-Kenner *Karl Rahner* alle große Mystik sich in dieser Weise beschreiben läßt und daß unsere »kleine Mystik«, wie man die eigene Glaubenserfahrung nennen kann, von gleicher Struktur ist. Solche Aussagen sind keine poetischen Ergüsse oder denkerische Abstraktionen, sondern – das muß bewußt bleiben – sind getragen von der Erfahrung eines hoffenden und ringenden Lebens.

Mystik und ihre außergewöhnlichen Begleiterscheinungen

Wie wichtig und hilfreich sie aber auch für das Nachsinnen über das Wesen der Mystik (und damit wiederum für die Praxis) sind, möge eine Spezialfrage zeigen, die *Karl Rahner* in der frühen Monographie »Visionen und Prophezeiungen«[46] behandelt.
Dort erörtert und bejaht er zuerst einmal den Sinn von Privatoffenbarungen, von Visionen usw.: »Warum sollten z. B. parapsychologische natürliche Fähigkeiten der Telepathie, des Hellsehens, der Psychometrie usw. in einem religiösen Menschen nicht ebensogut wie ›normale‹ Fähigkeiten sich auf religiöse Gegenstände beziehen dürfen und so Anlaß zu religiös wertvollen Akten geben, und warum sollten solche Akte (der religiösen Beschaulichkeit, der Herzenskunde, des Reliquienerkennens usw.) nicht als ›gottgewirkt‹, als

›Gnade‹ gewertet werden dürfen?« Die paramystischen Erfahrungen oder fachterminologisch gesagt: »die außergewöhnlichen Begleiterscheinungen der Mystik« dürfen also weder als gefährlich abgewertet noch dürfen sie überbewertet werden, als werde mit ihnen schon die Mitte der Mystik berührt.

Dann fragt *Rahner* weiter, »›wo‹ am Visionär der von Gott ausgehende Anstoß zur imaginativen Vision eigentlich ansetzt, welches gewissermaßen der ›Primäreffekt‹ der göttlichen Berührung ist«. In der Antwort darauf kommt wiederum die Grundthese (wenn auch in dieser frühen Schrift noch nicht so scharf formuliert wie in späteren Arbeiten) zum Tragen. *Rahner* führt in eine geistige Tiefe, die vor allem Sinnhaften und auch (wie Nacht- und Passionsmystik zeigen) vor allem oberflächlich Erfahrbaren liegt; er setzt an bei der beschriebenen »Transzendenzerfahrung«, bei dem »vertrauenden Annehmen der eigenen Endlichkeit«. Der Mystikforscher *Alois Mager,* auf den *Rahner* sich mehrmals beruft, beschreibt sie in einer weniger spekulativen und anspruchsvollen Wortgebung: »Nicht Schauen und Denken, sondern Liebe bildet den Gradmesser der Geistigkeit, Vollkommenheit und Seligkeit. Zwischen Gott und Mensch bestehen unmittelbare Beziehungsmöglichkeiten in gegenseitigem Liebesaustausch. Wenn das Wesen christlichen Lebens mit Liebe gleichzusetzen ist und Mystik in der Höchststeigerung christlichen Lebens besteht, so kann das Wesen der Mystik nicht die Beschauung, sondern wiederum nur die Liebe sein.«[47]

Man kann aufgrund des bisher Gezeigten vereinfachend sagen: Das »Urvertrauen« der »kleinen Mystik«, das jedem Christen geschenkt ist, wird in der »Großen Mystik« eines *Bernhard von Clairvaux,* einer *Teresa von Avila,* eines *Martin Luther* als brennende Liebe beschrieben. Beides aber meint die Innerlichkeit, wo der Mensch deshalb am meisten er selbst ist, weil er seine Endlichkeit dem Unendlichen übergibt.

Rahners Rückführung der vermeintlichen oder echten »mystischen« Phänomene auf diese letzte Innerlichkeit des Menschen gibt Freiheit im Umgang mit allem, was als »Mystik« angepriesen wird. Warum kann in absonderlichen sinnenhaften Erscheinungen nicht ein wahrer Kern von Mystik, von Berührtsein durch Gott eine objektive, sinnenhafte Gestalt gewinnen? Aber kann nicht auch umgekehrt eine eindrucksvolle »mystische« Äußerung doch nur psychologische oder parapsychologische Ursachen haben, statt auf unmittelbarer Berührung von Gott zu beruhen? Gehört die als »Mystik« erfahrene Bewußtseinserweiterung nicht letztlich doch nur in den Bereich der Begleiterscheinungen der eigentlichen Mystik? Später hätte *Rahner* dazu vielleicht gesagt: Es ist Mystik des Selbst, die aber auf jeden Fall für die Gottesmystik nur eine Dienstfunktion haben kann.
Zwischen der unmittelbaren Berührung durch Gott in der menschlichen Existenzmitte, im Ort der transzendentalen Erfahrung, die niemals voll und bruchlos in Worte übersetzt werden kann, und den greifbaren Erfahrungen oder den formulierbaren Worten liegt die leib-seelische Welt des Menschen: In ihr setzt sich das »Berührtwerden« durch Gott als »transzendentale Erfahrung« um in Sprache, in beobachtbare Phänomene der Mystik. In diesem Prozeß kommen psychologische und physiologische, Oberflächen- und Tiefen-Prägungen des Menschen mit ins Spiel. Das Umsetzen ist notwendig und richtig; aber dahinein kann sich mancher Irrtum einschleichen – und leider werden heute allzu häufig die leib-seelischen Begleiterscheinungen der Mystik für ihren inneren Kern gehalten.
Hier nun hat die klassische christliche Lehre der Unterscheidung der Geister ihren Platz. Auch *Ignatius von Loyola* und *Teresa von Avila* kennen den Unterschied der beiden Zeiten: der ersten, in der der Mensch völlig selbstvergessen auf Gott hin gerichtet ist; und der zweiten, in der ihm diese Erfahrung seiner Psyche, nicht aber das reine Ausgerichtetsein auf Gott, reflex-bewußt wird.

Karl Rahner schreibt dazu klar und eindeutig: »Weil grundsätzlich der imaginäre (in den Vorstellungs-, Sprach-, Erlebnis-, Objekt-Bereich des Menschen eingetretene) Inhalt bewußt nur gegeben sein kann als schon vollzogene Synthese aus dem göttlichen Einwirken und den subjektiven Bedingtheiten des Menschen, wird es nicht nur faktisch sehr schwer sein, hier eine ›Quellenscheidung‹ vorzunehmen. Eine solche wird vielmehr grundsätzlich nicht restlos durchführbar sein.«

Grundsätzlich ist also alles, wenn es uns auch als »Gottesmystik« begegnet, auf seine Echtheit hin zu befragen; sobald man nämlich dem Phänomen Mystik »begegnet«, ist aus der ersten fraglosen die zweite Zeit geworden, in der Irrtum Platz haben kann. Das mystische Phänomen ist für sich alleine niemals eindeutig und sicher zu beurteilen. Zur Beurteilung müssen daher Kriterien von außerhalb der Mystik herbeigezogen werden. Hierzu gehören Kategorien der klassischen Unterscheidungslehre: Demut, Offenheit, Furcht, Hoffnung usw. In *Rahners* »transzendentaler« Begrifflichkeit heißen sie z. B.: Geistigkeit, Freiheit, Entscheidung, Liebe, Ekstase usw.[48] Beiden Kriterien-Reihen ist die Offenheit auf das Größere gemeinsam, das nach *Rahner* letztlich nur personal zu verstehen ist.

Den zahlreichen Implikationen können wir nicht weiter nachgehen. Zu bemerken ist allerdings, daß hier der philosophische Grund ist, warum für den Christen die Glaubens-Kriteriologie von »Schrift und Tradition« wichtig werden muß. Grundsätzlich aber wäre zu fragen, wieviel an vermeintlicher »Mystik« wohl nur aus der »subjektiven Bedingtheit« des Menschen entspringt und mit der innersten und eigentlichen Mitte der Mystik, dem Berührtwerden von Gott, nichts zu tun hat. Wo das Moment der »Ekstase«, des Aus-sich-Heraustretens, oder das der »Demut« fehlt, darf man vermuten, daß nur »subjektive«, psychologische oder parapsychologische Möglichkeiten des Menschen ins Spiel kommen und die menschliche Mitte, wo er von Gott berührt und aus sich herausgezogen wird, nicht einmal tangiert ist.

Jan van Ruusbroec hat diese Unterscheidung schon vor 600 Jahren in erstaunlicher Klarheit aufgezeigt. Auch ihm geht es um den Unterschied von Selbsterfahrung und Gotteserfahrung, von Bewußtseins-Weite oder -Ruhe und der Gottesmystik (Zusammenziehungen sind nicht eigens gekennzeichnet): »Wenn der Mensch bloß und ohne sinnliche Bilder ist, ledig und in den höchsten Kräften ohne Beschäftigung, so kommt er wegen seiner bloßen Natur schon in eine Ruhe. Diese Ruhe können alle Menschen finden und ohne Zutun der Gnade Gottes besitzen. In dieser Ledigkeit ist die Ruhe genußreich und groß. In sich selber ist sie keine Sünde, denn sie ist von Natur in allen Menschen, sofern sie sich entledigen können. Wenn der Mensch nun im Ledigsein diese Ruhe besitzt und ihn jede liebevolle Zuwendung eine Störung dünkt, so bleibt er mit dieser Ruhe auf sich selbst gerichtet, und dann lebt er im Widerspruch. Dies ist der Anfang zu allen geistigen Irrwegen. Diese Ruhe ist der übernatürlichen Ruhe, die man in Gott besitzt, entgegengesetzt, denn jene ist ein minnigliches Verfließen mit einem einfaltigen Einblick in die unbegreifbare Klarheit. Die Ruhe in Gott, die immerfort mit innigem Begehren tätig gesucht wird, die in der genießenden Neigung gefunden und im Fließen der Minne ewig besessen wird, wird, einmal besessen, immerzu gesucht. Diese Ruhe ist so hoch über die natürliche Ruhe erhaben, wie Gott über sämtliche Geschöpfe.«[49]

Was der flämische Mystiker des 14. Jahrhunderts schreibt, stimmt weithin mit der Mystik-Deutung überein, die *Karl Rahner* aufgrund seines theologischen Entwurfs der »transzendentalen Erfahrung« entwickelt[50]. Neu ist natürlich das »transzendentale« – also von der Subjektivität her – Denken. Doch gerade es legt den Gang zur Mystik nahe.

Die nochmalige Frage: Was ist eigentlich Mystik?

In einer Laudatio auf *Teresa von Avila* stellt *Rahner* fest: »daß es in jedem Menschen ... so etwas wie ein ... Grunderlebnis einer Verwiesenheit auf Gott gibt, das für den Menschen ... konstitutiv ist, verdrängt, aber nicht zerstört werden kann, das ›mystisch‹ ist oder ... seinen Gipfel in dem hat, was die Alten die eingegossene Beschauung nannten.«[51]
Jeder Mensch also hat in der Tiefe seines Bewußtseins, seiner »Erfahrung« einen mystischen Kern. *Rahner* nennt ihn »transzendentale Erfahrung«. Um diesen Ursprung menschlicher Dynamik zu umschreiben, müßte man wie von vielen Punkten eines Umkreises immer neu den Radius auf die Kreis-Mitte menschlicher Existenz ziehen. Diese Mitte ist mit der Logik unseres Forschens nicht zu umreißen und in der Empirie unseres Lebens nicht eindeutig auszumachen. Tangential-Punkte unseres Daseins aber können gleichsam auf die Spur hin zur Mitte setzen. Sie entsprächen den Kategorien der Unterscheidung der Geister: Liebe, Freiheit, Überschreitung des Greifbaren, Ekstase ins Unendliche. Dort, wo diese »Linien«, also von den Tangentialpunkten ausgehende Kreisradien zusammentreffen, in der menschlichen Mitte, hat die sogenannte »transzendentale Erfahrung« ihren Ursprung. Von dorther leuchtet auch das Glaubenslicht auf, das den Menschen noch ausdrücklicher (was nicht heißen muß: tiefer) ins Geheimnis Gottes führt.
Anderswo beschreibt *Rahner* das gleiche als »Ekstase unserer Liebe in das unbegreifliche Geheimnis selbst hinein«. Und dieses alles umgreifende Ausschreiten auf Gott läßt in seinem Sein ganz und gar von Gott und hat daher seine in seinen Sein ganz und gar von Gott und hat daher seine Wesensmitte in der totalen Ausrichtung auf ihn: »Nur in wissender Liebe, nicht in bloßem Erkennen ... habe ich ein ›Wissen‹, das ich selber bin.«[52]

Diese »Mystik« gehört in irgendeiner Weise zu jedem Menschen. Sie wird aber überall dort aktuell, wo der Mensch sich selbst in seiner Endlichkeit annimmt, und das heißt: sich in der Tiefe, vor dem Absoluten akzeptiert: dort, wo »der Mensch sich unentrinnbar als begründet im Abgrund des Geheimnisses erfährt und dieses Geheimnis in der Tiefe seines Gewissens und in der Konkretheit seiner Geschichte ... als erfüllende Nähe ... erfährt«.[53]

Die Schwierigkeit des rationalen Sprechens über Mystik

Aus solchen Überlegungen wird verständlich, warum *Karl Rahners* Sprache oftmals so schwierig zu sein scheint. Die christlichen Mystiker geben wie alle anderen ihre Erfahrungen fast immer in poetischer Sprache weiter. Zwischen dem poetischen Erlebnis und der mystischen Erfahrung bestehen nämlich enge Analogien. Bilder haben – wenn sie nur echt sind – eine innere Offenheit, die Rationalität überschreitet, ohne sie zu negieren, die gleiche, die auch das menschliche Erkennen von einer oberflächlichen Ja-Nein-Logik in die Tiefe der Existenz führen kann. Hier treffen sich der Charme mystischer Texte und der Anspruch der Poesie.

Wenn aber nun solche Erfahrungen in rational-überprüfbarer Sprache ausgedrückt werden, muß die Sprache notwendigerweise schwieriger sein. Mit rationalen Sprachmitteln soll die rationale Eindeutigkeit der Sprache selbst überstiegen werden. So schreibt *Franz K. Mayr* zu *Karl Rahners* »Meisterschaft« der Sprache: Er verstehe es, »das Mitgesehene im Gesehenen, das Mitgesagte im Gesagten, das Mitbegriffene im Begriffenen«, »das Ewige im Zeitlichen, de(n) Tod inmitten des Lebens, Gott als de(n) währende(n) und waltende(n) Abgrund der Welt« vernehmbar zu machen. »Das gibt auch Rahners Schriften ihren fragmentarisch-offenen Charakter, ihren analogen Verweischarakter: Man kann sie wieder und wieder lesen, das Ungelesene wächst im Maße des Gelesenen, man lernt zwischen den Zeilen zu lesen.«[54]

Diese Bewegung vom Sagbaren zum Unsagbaren bricht die statische Aussageweise der Sprache auf. Sprechen von Gott steigt auch nach der Sprachanalyse *J. T. Ramsays*[55] vom »observable« zum »more than observable« auf. Damit sind die beiden Ebenen angedeutet, die in der Mystik die Dynamik zwischen der Erfahrung vom empirisch Feststellbaren oder logisch Überprüfbaren und der Bewegung hin zu dem größeren Geheimnis ausmachen. »Das Geheimnis, das wir Gott nennen«, ist im Sinn von Welt und Mensch zu erahnen. Auf es kann nur hingedeutet werden; aber niemals kann es er- oder um- oder begriffen werden.

Wo immer Mystiker versuchen, die Spannweite ihrer Erfahrung nicht in Bildern, sondern in rational verantworteten Sätzen auszusprechen, fordern sie unsere Denkanstrengung heraus. Man muß nur an *Meister Eckhart* oder an seinen Schüler *Nikolaus von Kues* denken, um dies zu würdigen. Wie sehr sie dabei miß- und nicht verstanden wurden, zeigt die Wirkungs- oder besser Nicht-Wirkungsgeschichte des großen Dominikaner-Mystikers.

Zur Erfahrungsdimension dieser mystischen Struktur ist auch auf die Erfahrung der »dunklen Nacht« hinzuweisen, eine Erfahrung also der Nicht-Erfahrung. Die stärker von einem Denk-Typ geprägte Mystik des *Johannes vom Kreuz* ist aus der Natur seiner »Mystik« geprägt, von der Erfahrung des radikalen Überschritts, der »Dunklen Nacht«, während der in konkreter Begegnung wurzelnde Erfahrungs-Typ *Teresa von Avilas* eher im Bildhaften zu Hause ist.

Karl Rahners theologische Sprache muß von hierher gewürdigt werden. Sie ist nicht zum geringsten Teil deshalb so schwierig, weil sie Erfahrungen und Wirklichkeiten ausdrücken möchte, die das normale empirisch und rational Erkennbare überschreiten – wir dürfen sagen: weil sie in einer Art von »mystischer« Erfahrung ihren Grund hat. Gerade deshalb aber, weil *Rahner* immer auch seine Existenz mit in sein Sprechen hineinnimmt, sind auch seine abstraktesten und schwierigsten Abhandlungen eine Art von »Mystagogie«, also von mitvollzogenem Hineingehen in die Glaubensmitte, in den Vollzug des Christentums, in die »Mystik«.

Mystagogie zum christlichen Vollzug

Von *Irene Behn*[56] stammt die Unterscheidung: »Mystik« – »Mystagogie« – »Mystologie«. Diese Dreiteilung von: Erfahrung in sich – Hinführung zur Erfahrung – rationalem Verständnis der Erfahrung hilft, *Karl Rahners* Mystik-Verständnis fruchtbar zu machen. Sein Sprechen entstammt – darüber ist kein Zweifel möglich – seinem suchenden Erfahren und erfahrendem Suchen (wie z. B. auch *Augustinus* die Tiefe der Gottesbegegnung zu worten versucht); also dem, was er selbst als Kern der Mystik bezeichnet.

Und ihm gelingt es, diese suchende Erfahrung ins Wort zu bringen. Damit lädt er den Hörer und Leser ein zum Nachvollzug. Seine Sprache ist daher nicht nur sachlich-objektive Darlegung, sondern bis in die grammatikalische Struktur geprägt vom »suchenden Erfahren« und »erfahrenden Suchen« und damit schon in ihrer Bewegtheit Mystagogie. Seine »Mystagogie« öffnet sprachlich Wege zum Nachvollzug.

Daß dahinter stets von neuem verantwortlich überprüfend ein überragender Intellekt steht, machen seine Darlegungen zugleich auch zur »Mystologie«, zum rationalen Verständnis dessen, was Mystik ist.

In seinen »Exerzitienbetrachtungen« läßt er den Menschen seine Endlichkeit erleben: Er möge in sich die Bewegung zur Transzendenz erspüren, »(sein) ganzes Wesen im unwiderstehlichen Drang der Liebe verschenken (zu) wollen«. Und er erlebe dabei zugleich eine »ungeheure Enttäuschung an der Welt«. »Wenn wir dieser Enttäuschung standhalten, ohne zu zweifeln, und ohne uns zu betrügen, dann fangen wir schon an, Gott zu lieben. Wir verlangen nach etwas und wissen nicht was; aber wir sind sicher, es ist etwas, das die Welt nicht geben kann... Wie von selbst fängt er (der Mensch) an, den zu suchen, der allein noch bleibt, wenn alles versinkt, den einzigen, der ihn immer umgibt und liebt, den Gott der Sehnsucht unseres armen Herzens.«[57]

Auch mit diesen Worten umschreibt *Rahner* die »transzendentale Erfahrung«, in der er die Mitte und den Ursprung der Mystik findet: die erfahrene Spannung, die »Transzendenzbewegung« des Menschen über sich hinaus. Bejahend und vertrauend angenommene Endlichkeit und Hinfälligkeit hat sich immer schon verankert in eine Absolutheit hinein, die allein einen Grund für diese Annahme darbietet: »Wer sich wirklich annimmt, nimmt das Geheimnis als die unendliche Leere an, die der Mensch ist, nimmt sich in der Unabsehbarkeit seiner unberechenbaren Bestimmung an, nimmt darum schweigend und unvorausberechnet den an, der diese Unendlichkeit der Leere als das Geheimnis, das der Mensch ist, zu erfüllen beschlossen hat mit der Unendlichkeit seiner Fülle, die das Geheimnis ist, das Gott heißt.«[58]

Rahner spricht damit etwas an, das jeden Christen angeht; dasjenige, was er mit seinem Satz vom »Frommen der Zukunft, der ein Mystiker, ein Erfahrener sein muß«, meint.

Das Religionsgespräch über Mystik

Dieser vielzitierte Satz vom Frommen der Zukunft, der Mystiker sein muß, spricht vom »Frommen« und nicht – wie er oft falsch wiedergegeben wird – vom »Christen«. In der Ausweitung des »Christen« zum »Frommen« überhaupt liegt ein Hinweis auf die Weite der *Rahner*schen Mystik-Konzeption – und damit ist ein Anliegen des Zweiten Vatikanischen Konzils berührt: das Verhältnis der absoluten Wahrheit des Christentums zur Wahrheit und zum Wirken von

Gottes Geist außerhalb des Christentums. Frühere theologische Versuche meinten manchmal sogar: Nicht-christliche Weltanschauungen und auch deren Menschen seien aufgrund der absoluten Ausschließlichkeit der Botschaft Jesu von vorneherein vom ewigen Heil Gottes ausgeschlossen. Daß man diese theologische Meinung milderte und eine nur »natürliche Gotteserkenntnis« (mit einer Art »nur natürlichem ewigen Heil« oder ähnliche Konstruktionen) erfand, zeigt, wie drückend dieser Fragenkomplex im theologischen Bewußtsein lag.

Die offene Konzeption *Karl Rahners,* die er mit der Begrifflichkeit des »anonymen Christen« theologisch formulierte, wurde vom Zweiten Vatikanischen Konzil bestätigt. Dieses Denken kann Offenheit im Mystik-Gespräch (wahre Gottesmystik in vollem Sinn findet sich auch außerhalb des Christentums) mit entschiedener Christlichkeit verbinden (doch immer ist sie – bewußt oder unbewußt – von Jesus Christus geprägt).

In der letzten Auflage des »Kleinen theologischen Wörterbuchs« schreibt *Karl Rahner* dazu: »Da der Mensch einer Gotteserkenntnis durch seine Vernunft fähig ist, (und) wegen des allgemeinen Heilswillen Gottes stets unter der Dynamik der übernatürlichen Gnade und dadurch auch immer innerhalb der Geschichte der Offenbarung steht, *ist* immer Religion in der Menschlichkeit ... Das II. Vatikanum hat ausdrücklich die Möglichkeit einer authentischen Gotteserfahrung und der Existenz von ›Wahrem‹ und ›Heiligen‹ in den verschiedenen Religionen anerkannt.« »Die theologische Frage dabei ist, *wie* (in einer solchen Religion und) in einem solchen Menschen jener Glaube als rudimentär doch gegeben gedacht werden kann, den dasselbe Konzil als heilsnotwendig für alle erklärt. Bei dieser Frage kann man auf die ›Wege, die Gott allein kennt‹, verweisen, wie es das Konzil tut, oder man kann zu zeigen versuchen, daß in jeder positiven sittlichen Entscheidung nach dem Spruch des Gewissens, weil von der *Gnade* getragen, schon ein Offenbarungsglaube implizit enthalten ist, da diese ›erhebende‹ Gnade schon einen letzten apriorischen Verstehenshorizont der unbedingten Hoffnung auf das Heil in Gott selbst mit sich bringt, der als transzendentale Offenbarung verstanden werden kann.«[59]

Das Religionsgespräch mit nicht-christlicher Mystik sollte also nicht vor allem unter der kritischen Frage »Wahr oder falsch?« stehen, sondern müßte den Blick darauf lenken, wo in der fremden Mystik die Spuren, die Offenheiten, die Hinweise sind, die letztendlich zum Heilswillen Gottes in Jesus Christus führen. Daß diese Hinweise wieder mit den mehrmals erwähnten »Kriterien« wahrer Mystik zusammenhängen und daß sie deshalb auch nicht mit einem rational-logischen Ja-und-Nein-Instrumentarium zu handhaben sind, dürfte nach dem Gesagten hinlänglich klar sein.

Die Christlichkeit der Mystik

Damit nun stehen wir vor der letzten Befragung *Karl Rahners.* Die oben vorgestellte Kriteriologie mystischer Erfahrung könnte man noch aus dem Blickwinkel einer allgemeinen, offenbarungsfremden theistischen Religiosität würdigen (wenn auch *Karl Rahner* dies in letzter Konsequenz nicht akzeptieren würde). Doch unser Fragen geht weiter nach dem typisch-christlichen Merkmal einer wahren, wenn auch nicht ausdrücklich christlichen Gotteserfahrung und Mystik; mit anderen Worten: nach dem Bezug dieser Erfahrung auf die geschichtliche Offenbarung Gottes in Jesus Christus.

Die Kirche und die Mystik

Nur wenige Stellen gibt es, an denen der *Rahner*-Schüler *Herbert Vorgrimler* eine Kritik an seinem viel-bewunderten Lehrer anbringt. Eine solche betrifft »seine radikale und nicht leicht verständliche Kirchlichkeit«. *Vorgrimler* meint, »daß diese Kirchlichkeit Rahners vielleicht mit einem gewissen Verlust an kritisch-argumentativer Kraft erkauft war«. Aus einer solchen nun doch »unkritischen« Haltung habe er sich in entsprechenden Konflikten geweigert, »sich auf bibelwissenschaftliche und historische Einwände einzulassen«.[60]

Demgegenüber muß zuerst auf die bibeltheologische[61] und mehr noch theologiegeschichtliche[62] Kompetenz *Karl Rahners* hingewiesen werden. Überdies hat *Karl Rahner* gerade das Verhältnis von Kirche und Bibel in einem brillanten, immer noch gültigen Buch zu deuten versucht.[63] Dort legt er folgendes dar: Im Sich-Bewußtwerden der Ur-Gemeinden, daß sie eine einzige Kirche seien, objektivierte die Kirche zugleich diesen Prozeß, und das Ergebnis ist der neutestamentliche Kanon. Selbst-Bewußtwerden der Kirche und Kanon der Schriften des AT und NT sind zwei Seiten dieses einen Prozesses. Das neutestamentliche Schrifttum wurde so als der gültige, »inspirierte« Zugang zur Wirklichkeit Jesu Christi erkannt und festgelegt. Der neutestamentliche Kanon (und damit verbunden das Alte Testament) ist gleichsam die Verfassungsurkunde der Kirche.

In der Sprache von *Karl Rahners* schwierigem »Grundkurs des Glaubens«: »Die Kirche objektiviert ihren Glauben und ihr Leben in schriftlichen Dokumenten und erkennt diese Objektivationen als so geglückt und rein, daß sie diese apostolische Kirche als Norm für künftige Zeiten überliefern können ... Wenn die Schrift ein konstitutives Element dieser Urkirche als Norm der künftigen Zeiten ist, dann ist damit (positiv und abgrenzend zugleich) schon in genügender Weise gesagt, daß Gott der Urheber der Schriften ist, sie ›inspiriert‹ hat, ohne daß an *dieser* Stelle eine besondere psychologische Inspirationslehre zu Hilfe gerufen werden kann.«[64]

Für *Karl Rahners* christlichen Glauben ist daher die Kirchlichkeit nicht irgendein Attribut, sondern etwas Konstitutives. Und dies gilt ebenso – in gleicher Selbstverständlichkeit – auch und gerade für die Gotteserfahrung, für die Mystik: »Kirche verhält sich zum Heil der Welt wie in der individuellen Heilsgeschichte sakramentales Wort zur Gnade ... Die Kirche (ist) die geschichtliche authentische Erscheinung der Gnade, die *überall* als Heil sich anbietet ... darum ist auch umgekehrt diese kirchliche objektivierende Erscheinung der Gnade *Erscheinung* und *Verweis auf* diese Gnade.«[65]

Wahre Mystik ist also immer auch an der »objektivierenden Erscheinung der Gnade« zu messen, das meint: an der kirchlichen Gestalt von Gottes Heilsangebot. »Sprachlichkeit«, die für jede Innenerfahrung ein Kriterium deren Wahrheit und Legitimität sein muß, wird auf der Ebene des Glaubens zur Kirchlichkeit. Zu den berührten Kriterien wahrer Mystik gehört auch der Bezug auf die Kirche. Was das nun in einer so zu nennenden »anonym-christlichen« Mystik bedeuten müßte, hat meines Wissens *Karl Rahner* niemals explizit gesagt. Aber es stände zweifelsohne auf der Ebene des Sozialen, des engagiert Menschlichen, des Gemeinsamen und Gemeindlichen, des Messens an der gültigen Sprachgebung usw.

Jesu Tod und die mystische Gotteserfahrung

Seine Kraft aber empfängt das Kriterium »Kirchlichkeit« von der Bedeutung Jesu Christi in der mystischen Erfahrung. Auch hier ist ein Element, das auch der vor-christliche Blick entdecken kann, hervor- und in die volle Gestalt christlicher Mystik hinaufzuheben. Das Wort von der »praeparatio evangelii« (Vorbereitung des Evangeliums) des *Irenäus von Lyon* gilt nicht nur vom Alten Testament, das das Evangelium vorbereitet, sondern von jeder wahren Religiosität.

Karl Rahner nun versteht Christus und seine Erlösungstat von dem alles bestimmenden Höhepunkt des Kreuzestodes her. In einem literarisch großen Text schildert er das letzte

Ausgeliefertsein des Menschen Jesus an die Todesfinsternis. Darin kommen Jesu Leben und Tun zum alles bestimmenden Gipfel. Und hier, in diesem Sich-Ausliefern an die Unbegreiflichkeit Gottes, findet *Rahner* auch den Fluchtpunkt, an dem die menschliche Erfahrung, die er »transzendental« nennt, sich auf Christus hin öffnet. »Alles, was Er angenommen hat, ist erlöst, weil es so Gottes Leben und Gottes Schicksal selber geworden ist. Er hat den Tod angenommen; also muß dieser mehr sein als der Untergang in leere Sinnlosigkeit. Er hat es angenommen, verlassen zu sein; also muß die erstickende Einsamkeit noch die Verheißung seliger Nähe Gottes in sich bergen. Er hat die Erfolglosigkeit angenommen, also kann der Untergang ein Sieg sein. Er hat die Gottverlassenheit angenommen, also ist Gott nahe auch dort, wo wir von ihm uns verlassen meinen ... Wir merken es nicht? ... Wie geschieht das Wunder des Karfreitagsglaubens? Er ist das Wunder der Gnade. Man kann für ihn keine Anweisung geben. Aber: wenn wir hinknien unter das Kreuz, wenn wir da beten: Herr, ich glaube, hilf meinem Unglauben, wenn wir wenigstens einen Augenblick lang allem anderen Schweigen gebieten, der Qual des eigenen Herzens und der bohrenden Frage des Geistes, wenn wir schweigen, damit wir *hören* können, und dann von diesem Menschen da aus der tödlichen Finsternis seines Sterbens nur das eine Wort hören: Vater, in Deine Hände empfehle ich meinen Geist, dann – o Wunder der Gnade – können wir glauben, daß alles angenommen und alles erlöst ist. Denn, laßt uns genau hinschauen und hinhören! Es ist einer in Todesangst gekommen. Es ist ihm nichts erspart geblieben. Er hat sich nichts vorgemacht. Tod ist Tod. Er hat darauf verzichtet, dabei heroisch zu sein ... Er wußte, daß die Schuld der Welt, die würgend nach seinem Herzen und Leben griff, kein Mißverständnis war, das sich, genau besehen, als harmloses Mißverständnis aufklärt. Es war die unbegreifliche Schuld, die Verdammnis gebiert. Mit ihr war er allein ...

Es ist schrecklich, in die Hände des lebendigen Gottes zu fallen, wenn man sich in unbegreiflicher Liebe eins gewollt hat mit der Sünde der Welt. Und er sagte dennoch, da, als er so fiel: ›Vater, in Deine Hände empfehle ich meinen Geist!‹ Wenn es ein Wort gibt, das aus sich heraus glaubwürdig ist, dann ist es dieses.«[66]

Dieses Wort zu akzeptieren und zu sprechen in einer Situation, die der Jesu ähnlich ist, das gibt jeder Mystik erst das Siegel, daß sie den wahren Gott meint, der in Jesus Christus uns das Heil schenkte: im Leid, im Todesleid stehen, nicht in der Pose eines Stoikers, den alles unberührt läßt, sondern in der Todesangst vor dem Letzten – und darin nicht verzweifeln, sondern sich vertrauend ins Unbekannte fallenlassen!

Gegen Mißverständnisse von drei Seiten her ist diese Theologie zu schützen. Man kann fragen: Wieso liegt in diesem blind-vertrauenden Hineingehen (oder besser: Sich-passiv-Ziehenlassen) in die Stunde des Alles-Aufgebens denn ein Gnaden-Bezug zu dem Tode Jesu Christi[67]? Diese Frage läßt sich nicht kausallogisch beantworten – ebensowenig wie die Behauptung, daß ein ausdrücklicher Glaube an Jesus, der heute stattfindet, die Kluft von zwei Jahrtausenden überwindet. Aber zeigt nicht gerade dieser Vergleich die existentielle Tiefe, in der nach *Karl Rahner* das anonyme oder offenkundige Glauben an Jesus Christus verwurzelt ist?

Man hat dann weiterhin versucht, diese »Todestheologie« etwas harmlos auf eine einzige Stunde des Sterbens zu konzentrieren. Für *Karl Rahner* aber muß das ganze Leben von diesem Grundzug des Sich-Hingebens, Sich-Überschreitens ins Vertrauen geprägt sein. Was in der Todesstunde sichtbar wird, ist eine Haltung, die in jeder selbstlosen Tat strukturell erkennbar ist.

Auf den Einwand, daß damit das Christentum sich selbstherrlich über alle Religionen erhebe und sie für »anonym« deute, wurde schon eingegangen. Man muß es umgekehrt sehen: Welche Hochachtung vor einer fremden Religion liegt dort vor, wo jemand von der Wahrheit des eigenen Standpunkts überzeugt ist und deshalb die Augen schärft, um diese Wahrheit auch im fremden religiösen Ansatz wiederzuentdecken. Ist diese Haltung der Ehrfurcht[68] nicht würdiger und menschlicher als eine sogenannte Toleranz (sie sollte ein rechtlicher, aber kein existentieller Begriff sein), die vorgibt: Alle Religionen sind gleich, aber im Grund damit behauptet, einen Superstandpunkt zu besitzen, von dem aus die Relativität aller niederen religiösen Wahrheitssuche sichtbar wird?

Aus den Überlegungen zum Tod Jesu wird verständlich, warum *Karl Rahner,* wenn er Gotteserfahrung oder Mystik konkretisiert, stets auf das Leid zu sprechen kommt, auf die Annahme der letzten Dunkelheit: »Jenes grundsätzliche Bereitstehen für die höhere Verfügung Gottes, die möglicherweise uns über uns und unsere Natur hinaus ins verhüllt Unübersehbare in Anspruch nimmt, findet im Tod den objektiven Höhepunkt der Situation des Gehorsams (des Menschen, des Herrn). Im Tod wird der Mensch in radikalster Weise real gefragt, ob er sich ins verhüllt Unübersehbare hinein verfügen lasse.«[69] Dort also ist die Öffnung einer mystischen Erfahrung ins Christliche, dort hat die wahre Mystik ihren »christlichen« Kern: in der »Anonymität« einer Erfahrung, in der der Mensch seine radikalste Endlichkeit, das Sterben und den Tod in die Dunkelheit des vertrauenden Glaubens hineingibt oder – besser – fallen läßt, die alle Erfahrung übersteigt. *Karl Rahner* sagt hiermit, was der Kirchenlehrer der Mystik, *Johannes vom Kreuz,* lehrte: Der Höhepunkt der Gotteserfahrung, der Mystik ist der nackte Glaube.[70] Nirgendwo tiefer wird realisiert, daß Gottes Unendlichkeit, nicht aber menschliche Fähigkeit das Heil bringt.

Ein Gebet *Karl Rahners* ist die beste Zusammenfassung dessen, was er – hinschauend auf Jesus – als Fluchtpunkt des Lebens, als Gipfel der Mystik ansieht:

»O Jesus, du Verlassenster, du vom Schmerz Zerrissener, du bist am Ende. An jenem Ende, wo einem alles genommen wird, selbst die Seele und das freie Ja oder Nein, wo man also sich selbst genommen wird. Denn das ist der Tod. Wer nimmt – oder was nimmt? Nichts? Das blinde Schicksal? Die erbarmungslose Natur? Nein, der Vater! Gott, der Weisheit und Liebe ist. Und darum läßt du dich dir selber nehmen. Du gibt dich selber vertrauensvoll hin in jene unsichtbaren, leisen Hände, die wir ungläubige, um unser Ich bange Menschen als den plötzlich zugreifenden, unbarmherzigen Würggriff des blinden Schicksals und des Todes empfinden. Du weißt, es sind die Hände des Vaters. Und noch deine im Tod dunkel gewordenen Augen sehen den Vater ... Alles gibst du ihm, der dir alles gab. Alles legst du ohne Sicherung und Vorbehalt in die Hände deines Vaters ... O Jesus, wirst du auch einmal meine arme Seele und mein armes Leben in die Hände des Vaters legen? ... Nimm mich in deine Liebe auf. Und wenn einmal das Ende meiner Pilgerschaft anbricht und der Tag sich neigt, die Schatten des Todes mich umgeben, dann sprich auch zu meinem Ende dein letztes Wort: Vater, in deine Hände befehle ich seinen Geist.«[71]

Anmerkungen

* Die drei Anthologien: Gebete des Lebens (1984), Praxis des Glaubens (1982) und Rechenschaft des Glaubens (1979) waren mir neben der Untersuchung Klaus Fischers (s. u. Anm. 15) eine wichtige Hilfe, um geeignete Zitate im reichen Schrifttum Karl Rahners aufzuspüren.

1 Zuerst in GuL 39 (1966), Heft 5; dann in Schriften zur Theologie, VII, 11–31, 22; vgl. Harvey D. Egan, »Der Fromme von morgen wird ein ›Mystiker‹ sein.« Mystik und die Theologie Karl Rahners, in: Wagnis Theologie. Erfahrungen mit der Theologie Karl Rahners, Freiburg 1979, 99–112.

2 Elemente der Spiritualität in der Kirche der Zukunft, in: STh (Schriften zur Theologie) XIV, 375f; Horizonte der Religiosität. Kleine Aufsätze, hgg. von G. Sporschill, Wien 1984, 24.

[3] Abraham Maslow, Religions, Values and Peak-Experiences, New York 1970.

[4] FAZ Nr. 202, zum 31. 8. 1988, 31; vgl. Josef Sudbrack, Die vergessene Mystik und die Herausforderung des Christentums durch New Age, Würzburg [2]1988.

[5] Bilder eines Lebens, hgg. von Paul Imhof und Hubert Biallowons, Zürich 1985, 97.

[6] Vgl. Franz K. Mayr: Vermutungen zu Karl Rahners Sprachstil, in: Wagnis Theologie (Anm. 1), 143–159.

[7] Dazu die Einsichten der Eckhart-Forschung; vgl. W. Haug, Zur Grundlegung einer Theorie des mystischen Sprechens, in: Abendländische Mystik im Mittelalter, Stuttgart 1986, 494–503.

[8] Dazu besonders Gabriel Bunge, Das Geistgebet. Studien zum Traktatus De Oratione des Evagrios Pontikos, Köln 1987.

[9] Karl-Heinz Weger, »Ich glaube, weil ich bete«. Für Karl Rahner zum 80. Geburtstag, in: GuL 57 (1984), 48–52.

[10] Gebete des Lebens, hgg. v. A. Raffelt, Freiburg 1984, 12.

[11] Vgl. Josef Sudbrack, Exegese und Tiefenpsychologie aus der Sicht geistlicher Exegese, in: Tiefenpsychologische Deutung des Glaubens? Anfragen an Eugen Drewermann, hgg. von A. Görres, W. Kasper, Freiburg 1988, 98–114.

[12] Nach Josef Sudbrack, Mystik. Selbsterfahrung – Kosmische Erfahrung – Gotteserfahrung, Mainz [2]1988, 28.

[13] Vgl. Spiegelungen der Seele. Projektion und innere Sammlung in der Psychologie C. G. Jungs, München 1988.

[14] Ein Abriß, Freiburg 1939, zusammen mit M. Viller; die Neuauflage von 1989 ist unverändert, was für ein solches geschichtliches Nachschlagewerk nur mit Mühe und Not zu rechtfertigen ist.

[15] Der Mensch als Geheimnis. Die Anthropologie Karl Rahners, Freiburg [2]1974.

[16] Unter Brüdern. Zur Frühgeschichte der Theologie K. Rahners aus der Zusammenarbeit mit H. Rahner, in: Wagnis Theologie (Anm. 1), 341–352.

[17] Die geistliche Theologie des Johannes von Kastl. Studien zur Frömmigkeitsgeschichte des Spätmittelalters, I. II. Münster 1966/7.

[18] Was sollen wir noch glauben? Theologen stellen sich den Glaubensfragen einer neuen Generation (mit K.-H. Weger). Freiburg 1979, 38 f.

[19] Gotteserfahrung, Mystagogie in der Theologie Karl Rahners und in der Theologie der Befreiung, Mainz 1986.

[20] Transzendenzerfahrung, in: STh XII, 590.

[21] Geist in Welt. Zur Metaphysik der endlichen Erkenntnis bei Thomas von Aquin, Erstauflage Innsbruck 1943.

[22] Erstausgabe Freiburg 1976.

[23] Dazu Christoph Schönborn, Soll der Mensch Gott werden? Über den Sinn der christlichen Vergöttlichungslehre, in: Existenz im Übergang. Pilgerschaft, Reinkarnation, Vergöttlichung, Einsiedeln 1988, 35–51.

[24] Vgl. die vorzügliche Einführung in sein Denken von Otto Langer, Mysti-

sche Erfahrung und spirituelle Theologie. Zu Meister Eckharts Auseinandersetzung mit der Frauenfrömmigkeit seiner Zeit, München 1987; J. Sudbrack (Ligges), Das wahre Wort der Ewigkeit wird in der Einsamkeit gesprochen. Meister Eckharts Seinsmystik und die Erfahrung der Wüste, Würzburg 1989.

25 Hans Urs von Balthasar, Cordula oder der Ernstfall, Einsiedeln 1966; zu Wolfhart Pannenberg vgl. Fischer (Anm. 15), Register.

26 (Anm. 18), 193.

27 Theologie der Freiheit, in: Gnade als Freiheit. Kleine theologische Beiträge, Freiburg 1968, 43–45.

28 Hier geht es in der katholischen Theologie besonders auch um die These der »théologie nouvelle« vom »desiderium naturale in visionem Dei«, die Rahner ablehnte. Dazu Fischer (Anm. 15) 239–252. Das eher geschichtlich-positive Denken *de Lubacs,* des Hauptvertreters der »théologie nouvelle«, wird nach meiner Ansicht aber von *Rahners* »übernatürlichem Existential« nicht vollständig eingeholt.

29 Transzendenzerfahrung (Anm. 20) 595; Einübung priesterlicher Existenz, Freiburg 1970, 17.

30 Über die Verborgenheit Gottes, in: STh XII, 301.

31 Anonyme Christen – Wozu? in: Orientierung 39 (1975), 214–216.

32 Eine ökumenische Grundlegung, München 1987, 227–229.

33 Einübung (Anm. 29), 17.

34 Kleines theologisches Wörterbuch (zusammen mit H. Vorgrimler), Freiburg [10]1976, Art. Mystik.

35 Jesus Christus in den nichtchristlichen Religionen, STh XII, 375.

36 Transzendenzerfahrung aus katholisch-dogmatischer Sicht, STh XIII, 218–219; in der Urfassung neu herausgegeben mit Visionen und Prophezeiungen (Anm. 46).

37 Mystik als Grenze der Bewußtseinsevolution – Eine Betrachtung, in: St. Grof (Hg.), Die Chance der Menschheit. Bewußtseinsentwicklung – der Ausweg aus der globalen Krise, München 1988, 175.

38 (Anm. 36) 220.

39 Ebd. 221.

40 In: Neue Religiosität, Herausforderung für Christen, Mainz [3]1988, 220, 229, und in: Mystik (Anm. 12), besonders 89–112, versuchte ich diese Grundeinsicht zu entfalten.

41 Dazu kann immer noch das Mystikbuch Joseph von Görres' (4 Bde. 1836–42) konsultiert werden, in dem die dämonische Mystik einen breiten Platz einnimmt.

42 (Anm. 36) 216.

43 Besonders im Nachwort zur 3. Auflage des 1. Bandes von »Strukturen des Bösen«, Paderborn 1988, 335–389, wo gleichsam die »Strukturen des Guten« dargestellt werden.

44 Vgl. Romano Guardinis kurze, aber große Schrift über die »Annahme seiner selbst«.

45 Elemente (Anm. 2) 370.

46 Unter Mitarbeit von Theodor Baumann ergänzt, Basel [3]1958; daraus die folgenden Zitate S. 43 f, 55 f, 64; erweiterte Neuausgabe, 1989.

[47] Nach Josef Sudbrack, Neue Religiosität, (Anm. 40) 77.
[48] Vgl. die unter anderer Hinsicht entworfene Kriteriologie in meinem Buch: Sich in Gottes Ordnung bergen. Vom Reichtum christlicher Meditation, Würzburg 1986.
[49] Die Zierde der geistlichen Hochzeit, übersetzt von M. Schaad-Visser, Einsiedeln 1987, 138 f.
[50] In: Der Mensch vor dem Geheimnis Gottes. Untersuchungen zur geistlichen Lehre des Jan van Ruusbroec, Würzburg 1967, hat Bernhard Fraling diese Verwandtschaft aufgezeigt.
[51] Chancen des Glaubens, Freiburg 1971, 143.
[52] Beide Zitate bei Fischer (Anm. 15) 66.
[53] Über die Möglichkeit des Glaubens heute, STh V, 15.
[54] (Anm. 6) 146, 148 f.
[55] Nach Josef Sudbrack, Beten ist menschlich, Freiburg [2]1981, 112 u. ö.
[56] Nach Sudbrack, Mystik (Anm. 12) 23 f.
[57] Zitate bei Fischer (Anm. 15) 74.
[58] (Anm. 53) 16.
[59] 10. Aufl. Artikel: Nichtchristliche Religionen; Anonymer Christ.
[60] Karl Rahner verstehen, Eine Einführung in sein Leben und Denken, Freiburg [2]1985, 50–52.
[61] Sein früher Aufsatz: Theos (Gott) im Neuen Testament, STh I, 91–167, wird immer noch zitiert.
[62] Wichtiges ist gesammelt in STh XI.
[63] Über die Schriftinspiration, 1. Aufl. 1957, und dann oftmals.
[64] Einübung in den Begriff des Christentums, Freiburg 1976, viele Auflagen, 359–363.
[65] Das neue Bild der Kirche, STh VIII 339.
[66] Seht, welch ein Mensch!, STh VII, 138–140.
[67] Zur Theologie des Todes, Freiburg [2]1958.
[68] Vgl. die Einleitung zu Neue Religiosität (Anm. 40).
[69] Nach Fischer (Anm. 15) 69.
[70] Vgl. Sudbrack, Mystik (Anm. 12) 64–70, 140–145.
[71] Gebete des Lebens (Anm. 10) 74 f.